제 2 판

민사조정

싸우기 싫지만 지기는 더 싫어

안지현 · 김혜영 지음

박영사

개정판 머리말

명절연휴 끝에 법원으로 출근하는 마음이 즐겁습니다. 평생 싸우는 직업이 변호사라고 여겼지만, 조정위원이 되면서는 오히려 싸움을 뜯어 말리고 있습니다. 지역사회의 분쟁을 해결하는 피스메이커(peace maker) 라는 자부심과 보람을 가지고 일하기에, 고된 일터로 향하는 마음도 즐 거울 수 있는 것 같습니다.

부족한 책을 펴낸 지 벌써 3년이 지났습니다. 저 스스로도 배우는 마 음으로 내용을 정리한 것인데, 분에 넘치는 사랑을 받아 3쇄를 찍고 개 정판까지 내게 되었으니 참 감사한 마음뿐입니다. 공동저자인 김혜영 변호사가 저와 함께 상임조정위원으로 위촉되어 사이좋게 개정판 공동 작업을 하게 된 것 또한 무척 감사한 일입니다. 특히, 신규로 위촉된 조 정위원들과 조정에 참여한 소송대리인들이 책을 보고 실제로 조정할 때 도움을 많이 받았다는 말씀을 해 주셔서 큰 보람을 느낍니다.

민사조정 분야는 무척 빨리 발전하고 있습니다. 몇 년 사이, 법원에 서 상근으로 일하는 전문 조정위원들의 숫자도 많이 늘었습니다. 법원 의 최우선 현안이 재판지연의 해결인 만큼, 분쟁대체해결수단인 조정에 대한 중요성도 점점 강조되고 있습니다. 어디 한 번 상대방 이야기나 들어보자는 생각으로 조정실에 들어오는 것과, 조정절차에 대한 이해와 지식을 가진 상태로 다양한 조정전략을 미리 세우고 조정에 임하는 것 은 큰 결과의 차이를 가져올 것입니다.

개정판은 초판에 비해 'Chapter 3. 조정조항으로 보는 조정전략(skill)'

부분이 대폭 강화되어 그 내용이 두 배 정도 늘었습니다. 유형별로 쉽게 이해할 수 있는 사례들을 만들고, 각각의 조정방향에 따른 조정조항들을 세부적으로 정리하였습니다. 조정조항의 내용이 잘 이해될 수 있도록 관련 법률 지식들도 함께 담았습니다. 알고 보면, 민사조정은 민법과 상법, 형법, 민사소송법, 집행법, 가족법, 도산법 등 모든 법 지식이 총동원되어야 하는 분야입니다. 이 책 한 권만으로도 대부분의 조정사건을 해결할 수 있도록 최선을 다한 김혜영 상임조정위원의 노고에 특별한 감사의 마음을 전합니다.

더불어, 개정판에는 초판이 발행된 이후 개정된 민사조정법과 민사소송법 내용 등을 반영하였고, 최신 법원의 조정 관련 통계자료를 소개하였으며, 법 규정만으로는 잘 알 수 없는 법원의 실무례도 소개하였습니다. 그간의 조정 노하우를 반영하여 조정에 대한 꿀팁을 다시 한 번 대방출하였음은 물론입니다.

마지막으로, 개정판 미국 법원의 통계 추출 작업에 도움을 준 학교 후배 이진규 변호사와 꼼꼼하고 신속하게 편집 작업을 전담해 주신 박영사 장유나 차장님, 늘 믿음직스러우신 박영사 정연환 과장님께 감사드립니다.

이 책이 길고 지겨운 법적 분쟁의 종착점으로 갈 수 있는 친절한 안내판이 될 수 있기를 바랍니다.

안지현 올림

개정판을 내며

　저는 오늘도 모니터 앞에서 속으로 중얼거립니다. '10만 원을 올려 강제조정을 하면 피고가 이의할까? 그렇다고 10만 원을 내리면 원고가 분명히 이의할 텐데…', '이 조항만으로 집행이 가능할까?', '이렇게 조정을 하면, 나중에 피고들 사이에 구상권 행사 문제는 없을까', '피고가 돈을 5년 동안 나눠서 주고 싶다고 하는데, 너무 긴 기간은 아닐까?', '당사자들이 원하는 조정안이 선량한 풍속 기타 사회질서에 반하지는 않을까?', '당사자들이 이 조항을 두고 서로 다르게 해석하지는 않을까?' 깜빡이는 커서가 제 마음을 재촉하면, 저는 안경을 고쳐 쓰며 고민하는 시간을 조금이라도 벌어봅니다. 당사자가 원하는 분쟁해결 방법이 단순하더라도, 이를 조정조항으로 옮겨 쓰는 과정이 그리 녹록하지만은 않습니다.

　조정업무를 시작한 지 벌써 6년 반이라는 시간이 지났는데, 조정조항을 다듬는 일은 여전히 어렵습니다. 아니, 오히려 점점 더 어렵게 느껴집니다. '용감한 무식이인 때를 지나 반(半) 무식이가 되고 있는 걸까'라고 생각하며, 돌다리를 열심히 두드려 볼 뿐입니다. 조정이 업(業)인 저도 이런데, 법원에 올 일이 평생에 한 번 있을까 말까 하는 조정당사자분들은 조정조항이 마치 외국어처럼 느껴지지 않을까요? 판결주문이 더 익숙한 소송대리인분들도, 조정업무를 막 시작하신 조정위원분들도 조정조항이 생소하기는 마찬가지이겠죠. 그런 분들에게 작게나마 도움이 되었으면 좋겠다는 생각으로, 안지현 상임조정위원님과 이 책을 만든 지 벌써 3년이 지났습니다. 그 기간 동안의 경험을 보태어 조정 실무에서 자주 사용하는 예시조항들을 보다 폭넓게 정리하였습니다.

세상의 모든 일이 그렇듯, 다양하기 그지없는 민사 분쟁을 조정으로 해결하는 일 역시 정답도, 오답도 없다고 생각합니다. 겪고 있는 분쟁의 '맞춤형 해답'을 찾으려는 분들에게, 이 책이 마치 문제집 안에 살며시 꽂혀 있는 '풀이과정 부록'처럼 느껴지면 좋겠습니다. 나만의 해답을 찾아 열심히 조정하시는 분들에게 이 말을 전하고 싶습니다. "걱정하지 마세요! 이 사건은 조정으로 꼭 해결할 수 있습니다!"

김혜영 올림

차 례

Chapter 03 조정조항으로 보는 조정전략(skill) · 119

Chapter

01

민사조정이
무엇인가요

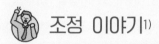

조정 이야기[1]

박사나 씨는 김소유 씨의 아파트를 사기로 하고 계약금 3,000만원을 주 었습니다. 나머지 잔금을 주려면 은행에서 대출을 받아야 하는데 김소유 씨 가 대출에 협조해 주지 않고 계약을 파기해 버렸습니다. 박사나 씨는 김소유 씨에게 계약금의 배액인 6,000만원을 달라는 민사소송을 제기했습니다.

박사나 씨: 김소유 씨가 일부러 대출에 협조해 주지 않으면서, 오히려 나 때 문에 계약이 파기되었다며 계약금 3,000만원도 돌려주지 않는 다. 아파트 값이 많이 올라서 그런 것 같다.

김소유 씨: 내가 은행 대출에 협조해 주어야 할 이유가 없다. 계획대로 집을 팔았으면 잔금을 받아서 현재 살고 있는 집의 대출이자를 갚으려 고 했다. 그런데, 잔금을 못 받는 바람에 대출이자를 계속 내고 있으므로 손해가 막심하다. 계약금은 절대 돌려줄 수 없다.

조정위원은 어느 한 쪽의 책임으로 보기 어려운 점이 있으므로 김소유 씨 가 박사나 씨로부터 받은 계약금 3,000만원만 돌려주고 원만히 사건을 마 무리할 것을 권유했습니다. 그러나, 김소유 씨는 화를 내면서 절대 돌려줄 수 없다고 하였습니다. 박사나 씨도 최소한 3,000만원은 받아야 한다고 하 여, 조정불성립 후 정식 민사소송이 진행되었습니다.

판사는 김소유 씨가 대출 실행에 협조하여야 함에도 하지 않은 책임이 있 다면서, 박사나 씨에게 계약금 배액인 6,000만원과 연12%의 지연이자까지 돌려주어야 하며,[2] 박사나 씨가 부담한 소송비용까지 물어주어야 한다고 판 결했습니다.

---

1) 실제 조정 진행했던 사례를 기초로 개인정보보호를 위해 약간 각색하였습니다.

만일 김소유 씨가 3,000만원만 돌려주는 내용으로 조정을 했다면 어땠을까요? 위 사례에서는 박사나 씨가 소장을 접수한 날로부터 조정을 진행한 날까지는 약 3개월 정도, 조정이 불성립되어 다시 민사소송으로 복귀한 날부터 1심 판결이 선고되기까지는 약 8개월 정도의 시간이 걸렸습니다. 결국, 김소유 씨는 6,000만원에 약 11개월에 해당하는 연 12%의 지연이자와 박사나 씨가 선임한 변호사 비용 등 소송비용까지 물어주어야 합니다. 아마 그냥 3,000만원에 조정을 할 걸 그랬다고 후회하고 있을 수도 있겠지요?

그럼, 박사나 씨 입장은 어떨까요? 위 사례에서는 김소유 씨가 1심 판결에 승복하지 않고 항소하여, 현재 항소심이 1년 넘게 진행되고 있습니다. 항소심에서 박사나 씨가 이긴다고 100% 보장할 수도 없는 일이고, 다행히 이기더라도 김소유 씨가 판결대로 돈을 주지 않는다면 강제집행을 해야 합니다. 강제집행은 김소유 씨 개인 재산이 있어야 가능하고요. 그렇다면, 박사나 씨 입장에서도 이런 길고 복잡한 과정을 거친 끝에 실제로는 돈을 받지 못하였다면, 조정에서 얼마 정도 양보할 걸 그랬다고 후회할 수도 있을 것입니다.

---

2) 민사사건에서 금전채무의 전부 또는 일부의 이행을 명하는 판결을 선고할 경우, 소장 또는 청구취지변경신청서가 송달된 날의 다음날부터 연12%의 지연이자를 가산하여 지급하도록 하고 있습니다(소송촉진 등에 관한 특례법 제3조 제1항, 소송촉진 등에 관한 특례법 제3조 제1항 본문의 법정이율에 관한 규정).

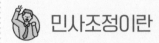

민사조정이란

 친구가 빌려준 돈을 갚지 않거나, 부동산 매매계약 후 잔금까지 주었는데 등기이전을 해 주지 않는다거나, 상거래 관계에서 물품대금을 주지 않는 등 일상생활 중 민사에 관한 분쟁이 종종 발생합니다. 서로 합의하면 가장 좋겠지만, 해결이 되지 않을 경우 몇 번 내용증명을 주고받다 결국은 법대로 하자며 민사소송을 진행하는 경우도 생기게 될 것입니다. 그러나, '송사 좋아하다 집안 거덜 난다'는 옛말에서도 알 수 있듯이, 민사소송은 몇 년씩이나 시간이 걸릴 수도 있을 뿐 아니라, 인지대, 송달료, 변호사 비용, 감정비용 등 생각보다 돈이 많이 들고, 스트레스도 이만저만이 아닙니다. 더구나, 민사소송은 엄격한 증거조사 절차에 따르기 때문에, 증거가 충분하지 못할 경우 시간과 비용을 들여 소송을 했더라도 억울한 결과에 이를 수 있습니다.

 민사조정은 위와 같은 민사소송의 단점을 보완하기 위해, 중립적인 제3자가 관계 자료를 검토한 후, 각자의 주장을 듣고 여러 사정을 참작해, 서로 양보와 타협을 통해 합의에 이르게 함으로써 분쟁을 평화적이고, 간이·신속하게 해결하는 제도입니다. 이러한 민사조정의 핵심은 제3자는 분쟁해결을 도울 뿐, 스스로에게 합의 여부에 대한 결정권이 주어져 있어, 자율적이고 주체적으로 분쟁을 해결할 수 있다는 점입니다.

 민사조정절차 이용자들을 대상으로 한 설문조사 결과를 살펴보면, 대부분이 조정과정에 대해 만족하였고, 만족하지 않는다는 답변은 극소수에 그쳤으며, 신속하고 경제적이라는 점, 소송보다 유연한 절차라는 점, 상식에 따른 분쟁해결이 가능한 점을 만족하는 이유로 답변하는 경우가 많았습니다.

소액사건 당사자 설문조사(2013. 3.)[3]

2013. 3. 25.-9. 30. 서울중앙지방법원에서 소액사건 조정절차를 마친 직후 당사자들에게 무기명 설문지를 배포하여 회수한 결과

- 조정과정에 대한 만족도
① 매우 만족한다, ② 만족한다, ③ 다소 만족한다, ④ 전혀 만족하지 않는다, ⑤ 무응답

	①	②	③	④	⑤	계
응답수 (명)	96	157	70	10	9	342
응답률 (%)	28.1%	45.9%	20.5%	2.9%	2.6%	100

- 조정과정에 대하여 가장 만족하는 부분
① 신속하고 경제적인 분쟁해결, ② 인간관계의 회복, ③ 충분한 진술을 통한 억울함 해소, ④ 상식에 따른 분쟁해결, ⑤ 소송보다 유연한 절차, ⑥ 기타, ⑦ 무응답

	①	②	③	④	⑤	⑥	⑦	계
응답수 (명)	119	40	31	55	86	6	23	360
응답률 (%)	33	11.1	8.6	15.3	23.9	1.7	6.4	100

3) 조정담당판사실, "소액사건 당사자 설문조사", 조정마당 열린대화 제7호 (2013. 12), 28.

위 조사 결과는, "어떤 명판결도 당사자 합의만 못하다(A bad settlement is better than a good judgement)"라는 서양의 법언을 떠오르게 합니다. 그러나, 우리나라는 아직도 다른 나라에 비해 조정·화해로 종국에 이르는 사건 비중이 매우 낮습니다. 우리나라의 2022년 전국 제1심 민사본안사건 중 조정·화해로 종결된 사건은 13.2% 정도입니다.[4] 반면, 영미권에서는 90% 정도에 이르는 대부분의 사건이 조정·화해로 종결되고,[5] 일본에서도 제1심 민사본안사건 처리 중 판결 비율과 조정·화해 비율이 비슷한 것으로 알려져 있습니다.[6] 대화나 타협보다는 법에 따라 판결을 받기를 원하는 정의감이 넘치는 국민성 때문일 수도 있고, 아직 민사조정제도에 대해 잘 알지 못하기 때문일 수도 있습니다.

다만, 본인이 원하든, 원하지 않든, 최근 법원의 조정활성화 정책으로 민사소송 중 최소한 1회 이상 조정에 회부하도록 하고 있습니다(조정예규). 그리고, 막상 조정에 회부된 이후에는 조정성립비율이 생각보다 높습니다.

---

4) 법원행정처 2022 사법연감, 718 참조.

5) 특히, 미국 연방법원은, 2009년부터 2014년까지 종결된 민사사건 중 변론이 진행된 사건이 1%대에 머물고 있으며, 주법원의 경우에도 1998년부터 2002년까지 종결된 제1심 민사본안사건 대비 변론 진행사건 비율이 10%대에 머물고 있습니다[대법원 사법정책연구원, 한국형 대체적 분쟁해결(ADR) 제도의 발전 방향에 관한 연구(2016), 140–142]. 2024. 3. 31.까지 최근 1년간 미국 연방법원에서 종결된 민사사건 중 변론이 진행된 사건의 비율은 0.6% 정도에 불과합니다 (https://www.uscourts.gov/statistics/table/c−4/federal−judicial−caseload−statistics/2024/03/31).

6) 2003년−2014년 일본 지방재판소 제1심 민사 통상소송 종결 내역 중 판결로 종결된 비율은 43.58%, 화해로 종결된 비율은 34.52%, 취하로 종결된 비율은 18.51%에 이릅니다[대법원 사법정책연구원, 위의 책, 240–241].

대전 법원 조정센터의 최근 1년간 조정성립 비율은 30% 정도로, 소취하 등으로 종결되는 비율까지 모두 합치면 조정절차 내에서 사건이 최종 해결되는 비율이 40% 정도에 이릅니다.

나아가, 조정불성립되었다고 하더라도, 조정을 거친 후 소송으로 돌아간 경우, 다시 조정이나 화해가 되거나, 판결에 대해 항소하지 않는 비율이 3분의 2 정도나 됩니다.[7] 아마도 조정실에서 충분히 자신의 사정을 말할 수 있는 기회가 있었고, 서로 대화와 협상을 거쳤기에 가능한 결과가 아니었을까 생각해 보게 됩니다.

그러므로, 민사분쟁을 겪고 있는 분들, 특히, 민사소송을 준비하시는 분들은 조정제도에 대해 잘 알고 이를 대비하는 것이 필수적입니다. 법원에서 매년 조정회부 사건 비중을 높여나가는 추세이므로 그 중요성이 점점 더 커질 것입니다.

---

[7] 2021년 서울중앙지방법원 조정전담부에 조정회부되었다가, 조정불성립이나 조정을 갈음하는 결정에 대한 이의로 본안으로 복귀된 사건에 대한 조사사례

종국 내역	당심에서 조정 · 화해	판결 선고 후 당심에서 확정	판결 선고 후 상소
사건 수	718	1,990	1,286
비율	18.0%	49.8%	32.2%
당심 종국률	67.8%		

(자료제공: 서울중앙지방법원 조정전담부)

민사소송과 민사조정의 차이점

자주적, 자율적으로 분쟁을 해결할 수 있습니다.

민사소송은 공권력에 의해 권한을 부여받은 판사가 제출한 증거를 엄격한 재판 절차에 따라 취사선택하여 판결을 내리고, 이에 따를 수밖에 없으므로, 수동적인 분쟁해결방법이라고도 할 수 있습니다. 반면, 민사조정은 내가 스스로 원하는 조정안을 제시하고, 그 결과에 대한 승복 여부도 스스로 결정한다는 점에서 자율적이고 자주적으로 분쟁을 해결할 수 있습니다.

과거의 시시비비를 떠나 미래지향적인 해결방법을 지향합니다.

민사소송은 과거의 사실관계에 대해 서로 시시비비를 가리는 절차입니다. 반면, 민사조정은 이를 떠나 미래지향적으로 어떻게 사건을 실제 해결할 수 있을지에 관심을 가집니다. 예를 들어, 민사소송에서 원고가 피고에게 부동산 등기를 이전해 달라고 청구했더라도, 현실적으로 그 집행이 불가능하거나 또 다른 분쟁에 휘말릴 위험이 있는 경우, 조정에서는 이전등기를 경료받는 대신 돈을 받는 방법으로 분쟁을 해결할 수 있습니다. 즉, 조정내용이 원고의 청구취지에 국한되지 않습니다.8) 또한, 민사소송 절차에서는 제3자가 소송에 참여하는 방법이 엄격히 제한되어 있으나, 조정절차에서는 '조정참가인'으로 참가시키는 간이한 방법

---

8) 대법원 2011. 9. 29. 선고 2011다48902 판결은, 조정은 소송의 대상이 된 권리 또는 법률관계에 한정되지 아니하는 것이어서, 당사자는 필요한 경우에는 그 외의 권리 또는 법률관계를 조정의 대상으로 삼을 수 있다고 하고 있습니다.

을 통해, 사건 분쟁의 핵심이 되는 제3자를 쉽게 분쟁에 참여시킬 수도 있습니다.

일방이 이기고, 지는 결과를 떠나 상호 윈-윈 협상 방식을 지향합니다.

1심만 1, 2년이 소요되는 지루하고 힘든 민사소송 끝에 판결이 선고 되었을 때, 승소한 쪽이 있다면 패소한 쪽이 있기 마련입니다. 판사도 전지전능한 신이 아니기 때문에 심증은 가더라도 증거가 없어 일방의 손을 들어주지 못할 경우도 있을 것이고, 약 4:6 정도의 심증이 가더라 도 어느 한 쪽으로 결론을 낼 수밖에 없는 경우도 있을 것입니다. 민사 소장을 접수하였으나, 담당판사가 직권으로 조정으로 회부하였다면 아 마 이렇게 시원하게 결론을 내리기 애매한 사건일 경우가 많을 것입니 다. 손해 보는 것 같이 느껴질 수도 있겠지만, 서로 조금씩 양보하여 '모 아니면 도'가 아니라 '걸' 정도로 협상하는 것도 윈-윈으로 분쟁을 끝낼 수 있는 전략이 될 수 있을 것입니다.

경제적, 효율적입니다.

소송은 엄격한 증거절차를 거칩니다. 그래서, 때로는 수십만 원에서 수천만 원에 이르는 감정비용을 들여야 합니다. 판결에 따라서는 받을 수 있는 돈이 소송비용과 감정비용에 미치지 못하는 억울한 결과에 이 르기도 합니다. 또한, 운이 좋아 1심에서 이겼다고 하더라도, 3심 제도 가 보장되어 있는 현행법상으로는 상대방이 항소를 하면 다시 길고 지 루한 항소심 재판을 진행할 수밖에 없습니다. 변호사 등 소송대리인을 별도로 선임하지 않는다면 한 두달에 한 번씩 열리는 재판기일에 일일 이 출석해야 하고, 상대방이 제출하는 서류들에 대한 반박자료들도 법률 적인 요건에 맞추어 제출해야 합니다. 항소심에서 이긴다고 하더라도 또

헝... 감정비가
1000만원?

청구서
1000만

ⓒ안

다시 들어가는 시간과 비용도 만만치 않을 것입니다.

그러나, 민사조정에서는 간이한 사실조사에 기초하여 협의를 진행할
수 있습니다. 약 30만원 범위 내의 저렴한 금액으로 현장조사나 간이감
정 등을 할 수 있음은 물론입니다.9) 그러므로, 조정절차를 잘 활용한다
면, 소송에서 소요될 수밖에 없는 값비싼 비용들을 현저히 줄일 수 있
습니다. 특히, 소가(청구금액 등)가 적은 사건의 경우에 그 실익이 높습
니다.

9) 자세한 내용은 후술하는 '조정을 위한 사실조사는 어떻게 하나요' 관련 내용 참조.

변호사 선임비용은 재판에서 이기면 상대방에게 모두 받을 수 있다고 생각하는 분들이 많습니다. 그러나, 변호사보수의 소송비용 산입에 관한 규칙은 내가 실제 지출한 변호사 비용이 아니라, 규칙에 따라 정해진 금액만 상대방으로부터 받을 수 있도록 제한하고 있습니다.

변호사보수의 소송비용 산입에 관한 규칙 [별표]<개정 2020. 12. 28.>

소송목적 또는 피보전권리의 값	소송비용에 산입되는 비율 또는 산입액
300만원까지 부분	30만원
300만원을 초과하여 2,000만원까지 부분 [30만원 + (소송목적의 값 − 300만원)×10/100]	10%
2,000만원을 초과하여 5,000만원까지 부분 [200만원 + (소송목적의 값 − 2,000만원)×8/100]	8%
5,000만원을 초과하여 1억원까지 부분 [440만원 + (소송목적의 값 − 5,000만원)×6/100]	6%
1억원을 초과하여 1억5천만원까지 부분 [740만원 + (소송목적의 값 − 1억원)×4/100]	4%
1억5천만원을 초과하여 2억원까지 부분 [940만원 + (소송목적의 값 − 1억5천만원)×2/100]	2%
2억원을 초과하여 5억원까지 부분 [1,040만원 + (소송목적의 값 − 2억원)×1/100]	1%
5억원을 초과하는 부분 [1,340만원+ (소송목적의 값 − 5억원)×0.5/100]	0.5%

위 규칙에서 정한 금액도 상대방이 자발적으로 주지 않으면 비용을 들여 강제집행하여야 합니다. 물론 상대방에게 집행할 재산이 있는 경우에만 가능하겠지요! 그러므로, 소송초기 조정단계에서 소송비용과 상대방으로부터 받을 수 있는 돈을 계산하여 실익을 따져보는 것이 중요합니다. 1심에서 들인 소송비용보다 판결금액이 더 적다며 항소하시는 분들이 생각보다 많습니다.

소송에 비하여 신속합니다.

2022년 전국 법원 민사사건의 평균처리기간은 1심 판결에 대해 쌍방 항소하지 않아 1심에서 끝났어도 평균 242일이 걸렸고, 최종심인 3심(상고심)까지 갔을 때는 평균 1,032일이 걸렸습니다.[10)]

구분	제1심 확정			항소심 확정		상고심 확정	
	합의	단독	소액	고법	지법	합의	단독 (소액포함)
평균처리 일수	377.5	205.1	135.4	853.1	709.7	1,095.2	970.5
	242			781.4		1,032.8	

반면, 조정 사건의 경우, 6개월 이내에 종결된 비율이 96% 이상이었습니다.[11)]

구분	합계	즉일	14일 이내	1월 이내	2월 이내	3월 이내	6월 이내	6월 초과
합계	68,038 (100)	96 (0.1)	1,984 (2.9)	7,270 (10.7)	24,290 (35.7)	17,303 (25.4)	14,797 (21.8)	2,298 (3.4)

주: 1. ()내의 수는 구성비(%)임.
    2. 수소법원 조정사건을 제외함.

소송에 비하여 자유롭게 말 할 수 있는 시간이 많이 주어집니다.

판사를 만나 억울한 사정을 말하려고 해도, 우리나라 재판 실정은 한 사건 당 10분의 시간도 주어지기 어렵습니다. 미리 제출한 준비서면을 확인하고, 증거신청 등을 위해 다음기일을 잡는 정도에 그치는 경우도 많습니다. 반면, 조정시간은 최소 30분에서 1시간이 넘게까지 시간이 주어집니다. 원·피고(신청인과 피신청인) 쌍방이 대면하여 이야기하고,

---

10) 법원행정처 2022 사법연감, 724 참조.
11) 법원행정처 2022 사법연감, 727 참조.

원고(신청인)의 이야기만 들은 후, 피고(피신청인)의 이야기를 따로 듣는 시간을 가지기도 합니다. 실제로 조정을 진행한 후, 조정이 성립되지 않았더라도 하고 싶은 이야기를 할 수 있어 속이 후련했다는 말을 들은 적도 있습니다.

국민의 사법참여 확대에 기여합니다.

법관이 아닌 민간인이 조정위원으로서 민사사법제도의 주체로 참여하여, 국민의 건전한 상식을 기초로 한 분쟁해결에 기여할 수 있습니다. 간혹 일반 사회경험이 부족한 판사가 국민의 상식과 동떨어진 판결을 내렸다는 비판을 하는 경우가 있습니다. 또한, 통상 2년마다 재판부 이동이 있기 때문에 판사들이 모든 사건에 대해 전문성을 가지기가 쉽지 않습니다. 그러므로, 사회 경험과 연륜이 풍부한 조정위원, 특히 내 사건에 전문성을 가진 전문가 조정위원들과 함께 내 분쟁을 의논하여 풀어갈 수 있다는 장점도 있을 것입니다.

자발적 이행 비율이 높고, 불이행시 강제집행도 가능합니다.

최근 5년간(2017년–2021년) 전국 법원의 민사사건 중, 판결로 끝난 사건[12]은 53% 정도, 조정성립[13]으로 끝난 사건은 12% 정도 집행문을 발급받았습니다.[14] 집행문을 발급받았다는 의미는 무엇일까요? 바로 채무자가 판결 또는 조정 내용대로 자발적으로 이행하지 않았기 때문에, 채권자가 강제집행을 시도했다는 의미입니다. 즉, 민사재판 끝에 어렵

---

12) 원고 승, 원고 일부 승으로 종국된 사건.

13) 조정성립, 강제조정으로 종국된 사건.

14) 자료제공: 법원 행정처

게 판결을 받아도 그중 절반 정도만 자발적으로 이행을 받은 반면, 조정으로 끝난 경우에는 약 90% 정도가 자발적으로 이행을 받은 것으로 해석할 수 있습니다. 이와 같이, 조정이 성립된 사건은 판결이 선고된 사건에 비해 당사자가 스스로 의무를 이행할 가능성이 훨씬 큽니다. 판결에 대해 불만을 가진 사람은 그 판결에 따라 이행하는 데 소극적일 뿐 아니라 그의 재산을 도피하고자 하는 경향을 나타내는 반면, 조정·화해가 성립될 경우 스스로 판사나 조정위원 앞에서 이행을 약속했다는 점에서 더 적극적인 태도를 보이고 있는 것입니다.[15)

또한, 일단 조정이 성립되면, 만일 조정한대로 이행하지 않더라도 바로 강제집행이 가능합니다. 반면, 민사소송의 경우에는 1심에서 승소판결을 받는다고 하더라도, 상대방이 항소할 경우 가집행을 할 수 있을 뿐이며, 최종 항소심(2심)이나 상고심(3심) 결과에 따라서는 집행해간 돈을 반환하여야 할 수도 있습니다.

일방의 양보 내지 희생의 가능성도 있습니다.

위에서 살펴본 내용은 주로 소송에 비하여 조정이 가진 장점들에 대해 설명한 것이나, 조정에 대해 소극적인 입장에서는 양보하고 희생하는 편에게 불리한 결과에 이를 수 있다는 점을 지적하고 있습니다. 또한, 사회정의 및 법적 안정성의 실현보다는 타협을 통한 결론 도출이라는 점에서 이를 탐탁지 않게 여기는 시각도 존재합니다.

---

15) 권혁재, "판결절차와 병행하는 민사조정절차의 효율적 운영방안", 인권과 정의 통권 제483호 (2019. 8), 82.

감정적으로 상처받을 가능성과 보안이 취약한 단점도 있습니다.

높은 법대 위에서 법복을 입은 판사가 진행하는 엄숙한 소송절차에 비하여, 조정절차는 조정위원과 신청인(원고), 피신청인(피고)이 작은 방에 있는 좁은 협상 테이블에서 함께 앉아 긴 시간 자유롭게 이야기하게 됩니다. 그러므로, 걸러지지 않은 감정적인 말들을 주고받게 될 경우, 더 많은 상처와 스트레스를 받을 수도 있을 것입니다. 또한, 법정 질서를 담당하는 법정 경위가 상주하고, 판사가 감치 등 강제력을 행사할 수 있는 법정과 달리 조정실에서는 돌발적인 상황에 대비하기 어렵습니다.

민사소송과 민사조정의 활용법

결국 민사소송과 민사조정제도의 존재 이유와 목적이 다르므로, 소송제도와 조정제도는 각각 고유의 장단점과 특성을 가지고 있다고 보입니다. 어느 것이 우월한 분쟁해결방법인지에 대한 무의미한 논쟁보다는 필요에 따라 조정을 시도해 보기도 하고, 만일 조정으로 당장 분쟁해결이 어려울 경우 재판 절차로 진행해 보았다가, 다시 조정을 시도해 보는 등의 실용적이고 유연한 접근이 필요할 것으로 생각됩니다.

다행히, 법원은 당사자가 희망하거나 판사가 필요하다고 인정하면, 재판 진행 중 언제든지 조정회부를 하고 있습니다. 나아가, 조정전담부 조정회부 절차를 통해 담당 재판부의 판단으로부터 독립하여 조정을 진행할 수도 있습니다. 그러므로, 재판 진행 방향에 따라 조정절차를 적극적으로 활용하는 전략도 필요합니다.[16]

---

16) 자세한 내용은 후술하는 '누가 조정하나요' , '어떻게 시작되나요' 관련내용 참조.

어떤 사건에 대해 조정하나요: 민사사건

민사조정은 민사사건, 즉 대등한 사인(私人) 간에 발생한 다툼에 관한 것입니다.

 ## 대표적인 민사사건의 유형

대여금:	돈을 빌려주었으나, 약속한 날짜에 돈을 갚지 않을 때
임금:	고용주가 근로자에게 주어야 할 임금을 받지 못하였을 때
약정금:	여러 가지 원인에 의한 약정에 의해 약속한 돈을 받지 못했을 때
임대차보증금:	임대인이 임대차계약이 끝났을 때 주어야 할 보증금을 주지 않을 때
매매대금:	부동산 등 매매계약에 따른 대금을 주지 않을 때
물품대금:	물건을 판 후 대금을 받지 못했을 때
공사대금:	건축주가 시공사에게 건축공사계약에 따른 공사대금을 주지 않을 때
손해배상(자):	자동차 사고로 피해를 입은 사람이 가해자나 가해자의 보험사를 상대로 손해배상을 청구할 때
손해배상(산):	산재 사고를 당했을 때 근로자가 사용자를 상대로 손해배상을 청구할 때
손해배상(기):	여러 가지 원인으로 피해를 입은 자가 가해자를 상대로 손해배상을 청구할 때
보험금:	보험계약에 따라 피보험자가 보험사를 상대로 보험금을 달라고 할 때
건물명도:	건물의 소유자 등이 부동산을 불법적으로 점유하고 있는 사람에게 부동산을 넘겨 달라고 요구할 때

국가와 개인 간의 분쟁이라도, 조달계약 등 대등한 계약관계에서 다툼이 생긴 경우에는 민사사건이 되고, 징계절차 등 국가가 공권력의 주체로 우월한 지위에서 국민과 생긴 다툼은 행정사건이 됩니다. 행정소송의 대상이 되는 행정사건은 민사조정으로 신청할 수 없습니다. 한편, 이혼, 상속재산분할 청구 등 가사사건은 가정법원에 신청해야 합니다. 상간남, 상간녀에 대한 손해배상청구는 민사사건으로도 가능하지만, 이혼사건이 가정법원에 제기되어 있는 경우, 가정법원에 함께 신청할 수 있습니다(가사소송법 제57조). 또한, 상속과 관련되기는 하지만, 유류분 청구는 민사사건입니다.

청구이의의 소, 제3자 이의의 소, 가압류이의 등 집행관계 사건도 민사조정의 대상이 되는지에 대해서는 찬반론이 있었으나, 민사조정법 제2조는 "민사에 관한 분쟁"을 조정 대상으로 하고 있고, 집행관계소송도 민사에 관한 분쟁에 해당되므로 실무상 민사조정의 대상이 된다고 보고 있습니다.[17]

---

[17] 다만, 조정은 쌍방의 양보를 전제로 분쟁을 해결하는 것이어서 조정내용은 당사자가 자유로이 처분할 수 있는 권리에 관한 것이어야 하는데, 강제집행을 허용하지 아니한다든가 기존의 강제집행을 취소 또는 인가하는 등의 권한은 법원에게 있고 당사자에게 있는 것이 아니므로 강제집행소송의 판결 주문과 같은 내용의 조정을 하는 것은 불가능합니다. 그러므로 집행관계소송의 전제가 된 권리관계에 대하여, 예컨대 청구이의사건에 있어서는, 피신청인으로부터 일정 금원을 지급받고 강제집행신청을 취하하기로 하는 등의 합의를 포함하는 조항으로 조정을 성립시킬 수 있다고 보고 있습니다(민사조정절차에 관련된 여러 의문점에 대한 검토의견(재민 95-1) 재판예규 제1525호, 대법원 2023. 11. 9. 선고 2023다256577 판결 참조).

민사조정과 비슷해 보이지만 달라요.

🐑 **형사조정:** 형사사건 수사 단계 중 형사조정위원이 개입하여 가해자와 피해자 간의 합의를 주선하는 제도입니다. 가끔 형사조정기일 통지를 받고 법원 조정실로 찾아오시는 분들이 계시는데, 형사조정은 검찰청에 있는 조정실로 가셔야 합니다!

🐑 **가사조정:** 가정법원에서 가사사건, 예컨대 이혼이나 상속 사건 등에 대해 진행되는 조정절차입니다. 가정법원은 관할 지방법원과 별도의 건물인 경우도 있으므로, 조정시간에 길을 헤매지 않으려면 미리 위치를 잘 알아보고 가시는 것이 좋습니다.

🐑 **소년사건 화해권고절차:** 가정법원에서 관할하는 소년범 사건에서, 소년사건 재판이 열리기 전에 가정법원에서 선임한 화해권고위원들이 가해자와 피해자 간의 합의를 주선하는 절차입니다.

2020년 2월 민사조정법의 개정

민사조정법은 1990년 9월 1일 최초 시행된 이래 여러 번의 개정이 이루어졌는데, 최근 2020년 2월에 다시 의미 있는 개정이 이루어졌습니다.

당사자의 자주성·자율성 강조

우리나라의 민사조정제도는 기본적으로 법원이 민사소송절차와 함께 운영하는 법원 주도형 조정(법원 연계형 조정)[18]으로서, ① 당사자 쌍방의 동의가 없어도 필요한 경우 법원에서 조정에 회부할 수 있도록 하고, ② 당사자 간 합의가 성립되지 않은 경우나 당사자가 출석하지 않은 경우에도 '조정을 갈음하는 결정'을 하는 등 직권주의적 요소가 강화된 형태입니다.[19]

그런데, 2020년 2월에 개정된 민사조정법 제1조는 "이 법은 민사에 관한 분쟁을 조정절차에 따라 당사자의 자주적, 자율적 분쟁 해결 노력을 존중하면서 적정, 공정, 신속하고 효율적으로 해결함을 목적으로 한다"고 하였습니다. 구 민사조정법(2020. 2. 4. 법률 제16910호로 개정되기 전의 것, 이하 '구 민사조정법'이라 함) 제1조가 "이 법은 민사에 관한 분쟁을 간이한 절차에 따라 당사자 사이의 상호 양해를 통하여 조리를 바탕으로 실정에 맞게 해결함을 목적으로 한다"라고 한 것과 비교해 보면,

---

18) 법원연계형 모델에 대한 자세한 내용은, 권혁재, "판결절차와 병행하는 민사조정 절차의 효율적 운영방안", 인권과 정의 통권 제483호 (2019. 8) 83−85.

19) 자세한 내용은 이 책 'Chapter 2. 민사조정절차 훑어보기 9. 조정은 어떻게 끝나나요 − 드디어 조정이 성립되었어요' 관련내용 참조.

당사자의 "자주성", "자율성"을 강조하였음을 알 수 있습니다.

증거조사 규정의 삭제

개정 내용 중 가장 눈에 띄는 점은, 구 민사조정법상 '증거조사'에 관한 내용을 전부 삭제한 것입니다(법 제22조). 조정 절차에서 어떤 방식으로 증거조사를 하는지, 그리고 사건이 소송절차로 복귀시 조정에서의 증거조사 원용이 가능한지 불명확하다는 점을 고려한 것으로 보입니다.[20] 그러나, 조정절차에서도 합의를 적정하게 이끌어내기 위한 사실관계 조사가 필요합니다. 그러므로, 엄격한 소송절차의 원칙을 따르지 않아도 되는 '사실조사'는 여전히 할 수 있습니다. 나아가, 조정절차 내에서 법관이 아닌 조정위원이 현장조사 등 사실조사를 수행할 수 있도록 법적 상세 근거를 정비하였습니다. 향후 조정 절차에서 사실조사를 적극적으로 활용하면 좋을 것입니다(법 제7조 제6항, 법 제19조 제2항, 조정예규 제13조의 2).

조정위원의 역할 강화

개정 민사조정법은 조정담당판사나 조정장은 조정위원으로 하여금 분쟁해결방안을 도출하기 위하여 사건관계인의 의견을 들어 합의안을 도출하거나 그 밖에 조정사건의 처리를 위하여 필요한 사무를 수행하게 할 수 있다고 하였습니다(법 제7조 제6항). 조정담당판사가 조정위원 2명과 함께 조정위원회를 구성하지 않고, 조정위원 1명을 책임조정위원으로 지정하여 실질적으로 조정절차를 위임하는 방식인 '책임조정방식'을

---

20) 2020.11.6. 사법정책연구원 발행, '조정절차에서의 사실조사' 현안보고서 14 – 16 참조

명문화한 것입니다(법 제7조 제6항, 조정예규 제13조의 2).

조정위원 교육, 연수기회 제공 의무화

더불어, 개정 민사조정법은 법원이 조정위원에게 정기적인 교육 및 연수기회를 제공하여야 한다고 규정하여(법 제10조 제4항), 조정위원의 전문성을 제고하고 있습니다.

조정을 갈음하는 결정에 대한 재량 부여

구 민사조정법은 ① 조정신청 사건에서 피신청인이 출석하지 아니한 때, ② 당사자 간 합의가 성립되지 아니한 사건 또는 당사자 사이에 성립된 합의의 내용이 적당하지 아니하다고 인정한 사건에 관하여, 조정담당판사가 "조정을 갈음하는 결정을 하여야 한다"고 하였습니다. 그러나, 개정 민사조정법은 "결정을 할 수 있다"고 하여(법 제30조, 제32조), 사건의 내용이나 성격, 당사자의 의사 등을 고려하여, 조정을 갈음하는 결정을 할 수 있는 재량을 부여했습니다.

조정절차 과정에서 당사자의 대우

개정 민사조정법은 "조정기관은 조정절차에서 당사자를 동등하게 대우하고, 사건에 대해 충분히 진술할 수 있는 기회를 주어야 한다"는 조항을 신설하였습니다(법 제11조 제2항). 조정절차에서 당사자가 가지는 권리를 법률에 명문화 하였다는 점에서 의미가 있습니다.

개정의 의미 및 향후 논의되어야 할 점

조정제도가 당사자의 자주적, 자율적 분쟁해결을 본질적인 요소로 하고 있음에도, 우리나라의 경우 종래 법원에서 주도하는 법원 연계형 조정이 주를 이루어 왔기 때문에, 현실적으로 조정절차가 소송절차의 부수적인 절차나 연장선인 것처럼 운용되었던 것이 사실입니다. 그러나, 우리나라는 점차 권위주의 사회에서 민주적인 사회로 발전해 나가고 있으며, 변호사 수의 대폭적인 증가와 인터넷의 발전으로 일반인들도 법률지식을 쉽게 접할 수 있게 되었습니다. 그러므로, 법관을 포함한 전문가의 권위에 기대어 분쟁을 해결하기보다는 스스로 복잡한 분쟁을 해결할 수 있는 환경이 조성되었다고 할 것입니다. 따라서, 본래의 조정제도의 취지에 맞도록 법 개정이 이루어지는 것은 자연스러운 흐름이라고 할 것입니다.

다만, 민사조정법 일부개정법률안(정성호 의원 대표 발의)을 살펴보면, 현재 조정위원규칙에서 규정하고 있는 '조정센터'[21]의 법적 근거를 마련하기 위해 "법원행정처장이 효율적인 조정사무의 처리를 위하여 각급 법원에 조정센터를 설치할 수 있다"는 조항을 신설하는 내용이 포함되어 있었으나, 실제 법개정에는 반영되지 못하여 아쉬움이 있습니다. 조정제도의 활성화를 위해 계속적으로 논의되어야 할 부분입니다.[22]

---

21) 자세한 내용은 이 책 'Chapter 2. 민사조정절차 훑어보기 4. 누가 조정하나요 — 조정위원' 관련내용 참조.

22) 조정센터의 법제화 개정 논의에 대한 자세한 내용은 윤찬영, "조정제도의 합리적 운영을 위한 조정구조 개선방안에 관한 연구", 사법정책연구원 연구총서 2022-09, 317-369 참조.

Chapter

02

—

민사조정절차 훑어보기

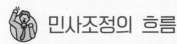

민사조정의 흐름

민사조정은 내가 직접 법원에 신청('조정신청'이라고 함)하지 않아도, 민사소송 중 판사가 조정으로 보낼 수 있습니다('조정회부'라고 함). 예전에는 민사소송 진행 중 판결 선고 전 단계에서 재판을 담당하는 판사가 직접 조정을 진행하는 경우가 많았으나, 최근에는 민사소송 초기에 조정위원이 단독으로 조정을 진행한 후 조정담당판사가 최종 결재를 하는 형태로 진행되는 경우가 많습니다('책임조정방식'이라고 함). 민사조정은 통상 법원의 조정실에서 진행하지만, 사건 현장 등 법원 외의 장소에서도 진행할 수도 있고, 전문가 조정위원과 함께 현장조사 등 간단한 사실조사도 할 수 있습니다.

조정 당일 합의가 이루어질 경우 조정조서를 작성함으로써 조정이 성립되고('임의조정'이라고 함), 만약 합의가 이루어지지 않았더라도 법원에서 조정에서 제시된 여러 사정을 참작하여 적당하다고 인정하는 내용으로 조정을 갈음하는 결정을 보낼 수 있습니다('강제조정'이라고 함). 조정이 성립된 경우 조정조서는 확정판결과 같은 효력이 있으나, 조정을 갈음하는 결정에 대해서는 송달받은 날부터 2주 이내에 이의신청을 할 수 있습니다. 쌍방 모두 이의신청을 하지 않으면, 조정을 갈음하는 결정이 확정판결과 동일한 효력을 갖습니다. 그러나, 한 쪽이라도 이의신청을 할 경우에는, 이의신청 즉시 조정절차는 끝나고 자동으로 정식 소송으로 진행하게 됩니다. 당사자 간에 의사 합의가 없고, 조정을 갈음하는 결정도 하지 않는 경우에도, 조정불성립으로 다시 정식 소송이 진행됩니다.

민사조정절차의 흐름을 도표로 살펴보면 아래와 같습니다.

민사조정절차의 흐름[1]

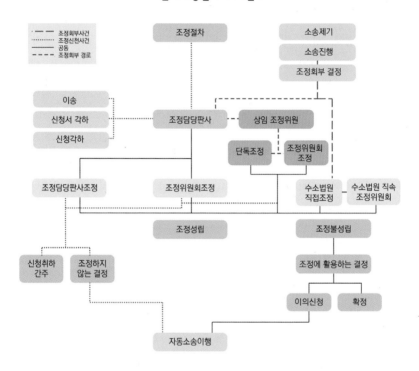

---

1) 대한민국 법원 나홀로소송 홈페이지(https://pro-se.scourt.go.kr) 일반소송 이외의 절차 > 민사조정절차 > 민사조정절차의 흐름 참조.

후술하는 '민사조정 절차 훑어보기' 편은 법 조항에 따른 절차를 설명하는 내용으로, 다소 기술적이고 전문적이어서 읽어보시기 딱딱하고 무겁게 느껴질 수 있습니다. 이럴 땐 필요한 부분만 찾아서 읽어보셔도 좋을 것 같습니다!

어떻게 시작되나요

　민사조정절차는 크게는 '조정신청'과 '조정회부' 절차로 나누어 볼 수 있습니다. '조정신청'은 스스로 조정신청서를 접수함으로써 시작됩니다. 반면, '조정회부'는 처음에는 조정신청서가 아닌 소장을 접수하였더라도, 담당 재판부가 직권으로 조정으로 보내는 절차입니다. 2022년 전국 법원의 조정사건 중 조정신청사건보다 조정회부사건의 수가 훨씬 더 많습니다.[2]

항목	조정신청 접수(건)	조정회부(건)	
2022년	9,938	조정담당판사	57,832
		수소법원	20,474

---

2) 법원행정처 2022 사법연감, 726 참조.

조정신청을 하는 것이 더 좋은지, 소장을 처음부터 접수하는 것이 더 좋은지 물어 보시는 분들이 계십니다. 조정신청을 하더라도 조정이 성립되지 않으면 소송 절차로 이행되고, 소장을 접수했더라도 판사가 조정에 회부하거나 원고나 피고가 조정절차로 보내달라고 할 수 있습니다. 다만, 아래와 같은 차이점이 있으니, 이를 참고하면 좋겠습니다.

- **조정신청부터 접수할 경우의 장점:** 조정신청은 소장보다 접수시 인지대가 저렴하고, 평균적으로 첫 기일이 지정되는 데 시간이 수개월 정도 적게 걸립니다.
- **소장부터 접수할 경우의 장점:** 형편상 변호사를 선임하기 어려운 사람에게 나라가 변호사 선임비용을 지원해 주는 제도를 '소송구조'라고 합니다. 그런데, 민사소송절차에서는 소송구조 신청을 할 수 있으나, 민사조정절차에서는 소송구조 신청을 할 수 없습니다.[3] 그러므로, 조정에서 소송구조를 통해 변호사의 도움을 받고 싶다면, 먼저 소장을 접수하여 소송구조 기회를 가져본 후, 조정으로 회부해 달라고 하는 것이 좋을 것입니다.

---

3) 조정절차가 비송사건에 해당되어(법 제39조), 민사소송법상 소송구조 조항이 적용되지 않기 때문입니다.

내가 신청해요: 조정신청

처음부터 민사소송보다 조정을 통해 상대방과 원만하게 문제를 해결하고 싶다면, '조정신청서'를 법원에 접수하는 것이 좋습니다. 민사조정법에는 "구술(말)로 법원에 조정을 신청할 수 있다"는 조항(법 제5조 제1항)이 있기는 하지만, 실제로 잘 활용되고 있지는 않습니다. 가장 좋은 방법은 법률전문가인 변호사를 찾아가 소송대리를 맡기는 것입니다. 다만, 상황이 여의치 않을 경우에는 "대한민국 법원 나홀로소송" 홈페이지(pro‒se.scourt.go.kr) 서식모음에서 조정신청서 양식을 다운로드 받아 활용할 수 있습니다(별지1. 조정신청서 참조).

지급명령신청의 경우: 조정이행신청

지급명령신청에 대해 상대방(채무자)이 이의신청을 한 경우, 보통은 소송절차로 이행하고, 인지를 더 납부해야 합니다.[4] 만일 인지보정을 하지 아니할 때에는 지급명령신청서의 각하결정을 합니다(민사소송법 제473조 제2항). 그러나, 2012. 1. 17. 민사조정법 개정으로, 법원이 인지보정명령을 했더라도, 채권자가 인지를 추가로 납부하는 대신 조정으로 이행신청을 하는 경우, 소송 대신 조정절차로 이행하도록 하였습니다(법 제5조의 2 제1항).[5]

어느 법원에 신청하나요: 토지관할 및 이송

그럼 조정신청서는 어느 법원에 접수할까요? 민사 소장을 접수할 때처럼, 일반적으로 피신청인의 주소지 관할 법원에서 대부분 가능합니다

---

4) 지급명령신청서에 납부할 인지액은 소 제기시 납부할 인지액의 1/10이므로, 차액 9/10을 더 내게 하여 소장 인지와 같은 액수가 되게 합니다.

5) 이시윤, 신민사소송법(제17판), 박영사(2024), 1013.

(법 제3조 제1항 제1호, 민사소송법 제3조 내지 제6조). 그리고, 피신청인의 사무소 또는 영업소 소재지, 피신청인의 근무지, 분쟁의 목적물 소재지, 손해 발생지 관할 법원에서도 가능합니다(법 제3조 제1항 제2호 내지 제5호). 나아가, 당사자 사이에 합의로 정한 법원에서도 접수할 수 있습니다(법 제3조 제2항).6)

관할법원 찾기는 "대한민국 법원 나홀로소송" 홈페이지(pro-se.scourt.go.kr) 퀵메뉴 "관할법원 찾기"에서 찾으면 간편합니다. 또한, 법원에 직접 찾아가지 않더라도, 법원 전자소송 사이트(ecfs.scourt.go.kr)를 통해 전자문서 방식으로 접수할 수 있습니다.

조정담당판사는 사건이 그 관할에 속하지 않거나, 관할에 속하더라도 적절하다고 인정될 경우 스스로 또는 당사자의 신청에 의해 다른 관할 법원으로 이송 결정할 수 있습니다(법 제4조 제1항).7) 민사소송과 달리 민사조정의 경우 이러한 이송 결정에 대해 불복의 신청을 할 수 없습니다(법 제4조 제2항, 제3항).

---

6) 다만, 민사소송법과 달리 민사조정법은 ① 원고(채권자)의 주소지(의무이행지), ② 어음·수표 지급지, ③ 불법행위지를 별도로 관할로 인정하는 규정(특별재판적)을 두고 있지 않습니다. 또한, 하나의 소로 여러 개의 청구를 하는 경우나 공동소송인으로 당사자가 되는 경우 등에 여러 개 중 하나의 청구에 대한 관할권을 인정하는 규정(관련재판적)도 두고 있지 않습니다.
7) 민사조정법은 조정사건의 특성을 고려하여 이송 여부 결정에 관한 조정담당판사의 재량을 폭넓게 인정하고 있습니다(대법원 2008. 10. 23.자 2007그40 결정).

민사소송법에 따라 채권자의 주소지(의무이행지) 관할 법원에 지급명령신청을 하였는데, 조정이행신청(지급명령신청 후 희망에 따라 조정절차로 이행)한 후 갑자기 채무자 주소지 법원으로 이송되는 경우가 있을 수 있습니다. 민사조정법이 민사소송법과 달리 채권자의 주소지를 관할로 인정하는 규정을 두고 있지 않기 때문입니다.

따라서, 채무자 주소지가 너무 멀어 가기 힘든 경우에는 조정이행신청을 하지 않고 인지대를 보정하여 먼저 민사소송으로 이행되게 한 후, 조정으로 보내달라고 하면 그대로 채권자의 주소지 관할법원에서 조정을 진행할 수 있을 것입니다.

비용부담

조정신청서를 접수할 때는 인지를 붙여야 하는데,[8] 소장을 접수할 때에 비하여 1/10로 저렴합니다. 조정신청서를 전자소송 방식으로 접수하면, 위와 같이 1/10로 산출한 금액의 9/10로 더 저렴합니다(법 제5조 제4항, 민사조정규칙 제3조).

조정신청금액	조정수수료액
1,000만원 미만	조정신청금액×0.05%
1,000만원 이상 - 1억원 미만	조정신청금액×0.045%+500원
1억원 이상 - 10억원 미만	조정신청금액×0.04%+5,500원

---

8) 종이기록으로 접수할 경우, 법원 내 은행에서 현금으로 내고 납부서를 제출하는 방식으로 하고, 전자소송 사이트를 통해 전자기록으로 접수할 경우에는 가상계좌나 신용카드로 납부합니다.

또한, 조정신청서 및 조정기일통지서를 송달하기 위한 송달료를 미리 납부해야 합니다. 민사조정신청서를 접수할 때는 당사자 1인당 5회분(17,750원)의 송달료를 현금으로 납부합니다. 단, 전산화 미이행 시군법원(양구군, 양양군, 청양군, 영천군, 성주군, 고령군, 봉화군, 청송군, 군위군, 울진군, 영양군, 곡성군, 무주군, 임실군, 장수군, 순창군 법원)의 경우에는 당사자 1인당 2회분(6,040원)의 송달료를 우표로 납부합니다.9)

어떤 효과가 있나요: 소멸시효의 중단

조정신청이 있으면 소멸시효 중단의 효력이 있습니다(법 제35조 제1항). 그러나, 조정신청 후 조정신청을 취하하거나, 신청인이 조정기일에 2회 출석하지 아니하여 조정신청이 취하된 것으로 보는 때에는 다시 1개월 내에 소를 제기하지 않을 경우 시효중단의 효력이 없습니다(법 제35조 제2항).

소멸시효란: 민법과 상법, 기타 특별법에서는, 10년, 5년, 3년, 1년 등 일정 기간 동안 권리를 행사(빌린 돈을 달라거나, 땅 소유권 등기를 이전하라고 청구하는 등) 하지 않으면, 그 권리가 소멸한다고 보고 있습니다. 이를 소멸시효 제도라고 합니다. 조정신청을 접수하면 상대방에게 돈을 청구한 셈이 되기 때문에 소멸시효 기간의 진행이 중단되도록 하고 있는 것입니다.

---

9) 대한민국 법원 나홀로소송 홈페이지 소송의 준비 > 일반 소송 이외의 절차 > 조정절차 참조. (https://pro-se.scourt.go.kr/wsh/wsh100/WSH170_1.jsp?q=AC1049D4BC00AC1371CF1F3E7A1CD0FB9BBDFAAE064A45 참조).

판사가 조정으로 보내요: 조정회부

조기조정제도의 실시

조기조정제도는 2000년 – 2001년 미국 캘리포니아주[10])에서 시작하여, 캘리포니아 북부지구 연방지법, 연방항소법원, 뉴욕주 법원 등에서 널리 시행된 제도로서, 우리 법원은 2010년 3월부터 조기조정제도를 시범적으로 운영한 이래 현재까지 조정활성화 차원에서 계속 확대하고 있습니다.

소장을 접수한 후 법정에서 담당판사를 만나기까지 얼마나 시간이 걸릴까요? 짧게는 3개월에서 길게는 1년 가까운 시간이 소요되기도 합니다. 너무 길지요? 나날이 민사재판 사건이 늘어나고 있는 반면, 판사의 수는 법률로 제한되어 있어 절차상 이를 늘리기가 쉽지 않습니다. 조기조정제도는 이런 재판 대기 단계에서 재판부가 조정에 적합하다고 생각되는 사건을 골라 조정부터 시도하는 제도입니다(조기조정 사건 처리에 관한 업무처리지침 제2조).

가족, 가까운 지인 사이의 분쟁과 같이 재판이 길어질수록 감정대립이 심화될 수 있는 사건이나, 청구 금액에 비해 감정비용 등 소송비용이 더 많이 들 것으로 예상되는 경우는 재판에 앞서 먼저 조기조정을 활용하는 편이 더 나을 수 있습니다.

실무상 '건물명도, 계약금, 공사대금, 대여금, 매매대금, 물품대금, 보증금, 부당이득금반환, 약정금, 양수금, 용역비, 임금, 임대차보증금, 청구이의, 손해배상'의 사건명을 가진 사건은 우선적으로 조정회부사건으로 분류하고 있습니다(위 지침 제6조 제2항).

---

10) 미국 캘리포니아 주법원의 조기조정 시범 프로그램(Early Mediation Pilot Program), 2000년 – 2001년 재판 단계 전 조기에 조정회부된 일반 민사사건 중 51%에 해당하는 사건에서 조정이 성립되었습니다[대법원 사법정책연구원, 한국형 대체적 분쟁해결(ADR) 제도의 발전 방향에 관한 연구(2016), 126 – 129].

재판진행 중 1회 이상 조정에 보내는 원칙

재판이 진행되고 있는 중이라고 하더라도, 담당 재판부 판사가 조정에 회부할 수 있습니다. 담당 재판부 판사가 직접 조정하거나, 담당 재판부에 소속되어 있는 조정위원에게 조정을 하도록 하기도 하고, 아예 법원 내에 있는 다른 조정 담당판사에게 회부하기도 합니다. 현재 법원에서는 특별한 사정이 없는 한 소송절차의 어느 단계에서든 1회 이상 조정에 회부하는 것을 원칙으로 하고 있으며, 변론종결(재판이 끝난 후 판결 선고 전 단계) 후에도 사건을 조정에 회부할 수 있도록 하고 있습니다(조정 예규 제11조).

개정 전 민사조정법(1992. 11. 30. 법률 제4505호로 개정되기 전의 것)은 당사자 쌍방의 동의가 있는 때에 한하여 조정회부를 할 수 있도록 하였으나, 이후 조정사건이 대폭 감소하는 문제가 발생하였으므로 1992. 11. 30. 민사조정법 개정 당시 동의 없이도 필요하다고 인정하는 경우 조정에 회부하도록 하였습니다.[11] 실제로 많은 국가들이 당사자의 의사와 무관하게 조정에 회부하는 법원 연계형 조정제도를 가지고 있습니다.[12]

---

11) 황승태, "조정 활성화를 위한 법원의 역할 및 민사조정법의 개정방향", 국민을 위한 자율적 분쟁해결: 조정제도의 개선 및 발전방향; 2017 대법원 – 한국조정학회 공동학술대회(2017) 8 – 12.

12) 영국의 1998년 민사소송법(the Civil Procedure Rules 1998)은 합리적인 이유 없이 조정을 거부하는 당사자에게 소송비용 부담과 관련한 불이익을 부과할 수 있도록 하고, 미국의 1998년 대체적 분쟁해결법(Alternative Dispute Resolution Act of 1998)은 당사자의 동의가 없이도 직권으로 사건을 조정이나 조기 중립 평가(Early Neutral Evaluation)에 회부할 수 있도록 하였습니다. 독일의 재판 외 분쟁 해결의 촉진에 관한 법률(Geseetz zur Förderung der Außergerichtlichen Streitbeilegung)도 일정 유형의 사건들을 조정전치주의의 대상으로 규정하고, 조정전치주의가 요구되는 사건에서 조정을 하지 않고 소를 제기한 경우 소를 각하하고 있습니다(황승태 주13 155 – 156). 더 자세한 내용은, 주요 국가 ADR의 전개와 현황에 대해서는, [대법원 사법정책연구원, 한국형 대체적 분쟁해결(ADR)제도의 발전 방향에 관한 연구(2016), 75 – 287].

조정실에 오시는 분들 중 "나는 조정을 원하지 않는데 조정으로 왔다"면서 불만을 토로하시는 분들이 계십니다. 조정신청을 하지도 않았는데, 재판부 임의로 조정을 회부하는 현행 제도에 대해서는 찬반론이 있고, 양쪽 모두 조정을 희망하는 경우에 조정을 진행하는 것이 바람직하다는 점에는 이론이 없을 것입니다.[13] 그러나, 처음부터 조정을 희망하지 않았더라도 조정 테이블에 앉아 이야기를 하다보면 화해의 실마리가 풀리는 경우도 있습니다. 또, 꼭 조정을 해야 한다고 강요하거나 조정을 하지 않았다고 하여 불리하게 보는 것은 아니기 때문에, 서로의 입장을 탐색해 보는 기회로 활용하는 것도 좋은 방법입니다. 법원에 제출하는 서류에 처음부터 조정을 희망하지 않는다거나, 반대로 조정을 희망한다는 내용을 써두면, 재판부에서 조정회부할지 여부를 판단하는 데 도움이 될 것이므로, 적극적으로 자신의 의사를 표현하는 것이 좋겠습니다.

비용부담

소장을 접수했다가, 1·2심의 소송계속 중에 조정회부 되었더라도, 조정(강제조정 포함)이 성립되면 소장 등에 붙인 인지액의 1/2에 해당하는 금액의 환급청구를 할 수 있습니다(민사소송 등 인지법 제14조 제1항 제5호).

어떤 효과가 있나요

민사소송 사건이 조정에 회부된 때에는 그 절차가 종료될 때까지 소송절차는 중지되고, 조정이 성립하거나 조정을 갈음하는 결정이 확정된 때에는 소의 취하가 있는 것으로 보게 됩니다(민사조정규칙(이하 '규칙'이라고 함) 제4조).

---

13) 대법원 사법정책연구원, 한국형 대체적 분쟁해결(ADR) 제도의 발전 방향에 관한 연구(2016), 384-388.

어떻게 준비하나요

조정신청서 등을 우편으로 보내요

조정신청의 경우는 조정신청서를 피신청인에게 송달하고(법 제14조), 조정회부의 경우는 조정회부결정을 원고와 피고에게 송달합니다. 통상 조정절차에 대한 간단한 설명과 담당 재판부나 조정부의 전화번호가 기재된 안내문이 함께 등봉되어 있습니다(별지2. 대전법원 조정센터의 조정회부 안내문 참조).

조정하는 날을 알려줘요

법원은 조정기일이 정해지면, 이를 당사자에게 통지하여야 합니다(법 제15조 제1항). 조정기일의 통지는 소환장을 송달하는 방법이나 보통우편, 전화, 팩스 등 적절한 방법으로 할 수 있습니다(법 제15조 제2항).

소장이나 답변서를 접수한 후, 바로 "조정기일 통지서"나 "조정사무수행일 통지서"를 송달받았다면, 조정위원에게 사건을 배당하였을 가능성이 높습니다(조기조정제도). 이 경우 2021머0000형식의 사건번호가 새로 붙습니다. 반면, "변론기일 통지서"가 먼저 송달된 경우, 조정이 아니라 정식 재판 절차가 개시된 것입니다. 이렇게 먼저 재판을 진행하다가 나중에 조정회부하는 경우에는 담당 재판부 판사가 직접 조정을 하거나, 담당 재판부에 소속된 조정위원이 조정을 할 가능성이 높습니다. 이 경우에는 위 2021머0000형식의 사건번호가 붙지 않습니다.

예전에는 내 사건을 담당하는 판사가 직접 조정을 하는 비율이 높았으므로, 조정에 이의할 경우 불리하게 선고한다는 엄포를 놓는 일부 부정적인 사례도 있었고, 내 입장에서도 불리하게 판결하지 않을까 하는 걱정으로 적극적으로 의사표현을 하지 못하는 경우가 있었던 것도 사실입니다. 최근에는 담당 재판부에서 독립되어 있는 조정위원이 주도하는 조정 비율이 높아졌으므로, 보다 자유롭게 조정기회를 활용해 보면 좋을 것입니다.

2020년 2월 민사조정법의 개정으로, 조정담당판사 등이 조정위원에게 조정사건의 처리를 위하여 필요한 사무를 수행하게 하는 경우 '조정사무수행일'을 지정하여 통지하도록 하였습니다(조정 예규 제13조의 2). 조정사무수행과 조정기일이 특별히 다른 방식으로 진행되는 것은 아닙니다. 다만, 최근에는 조정위원이 조정담당판사의 위탁을 받아 단독으로 조정사무를 수행(현장조사 등 사실조사를 포함)하고 있으므로 이에 대한 근거를 마련한 것으로 보입니다.[14] 조정사무수행일에는 조정담당판사가 참석하지 않아도 되고, 조정기일조서를 작성할 필요도 없습니다. 조정사무수행일에 합의가 성립되면 즉시 조정기일을 지정하여 조정

---

14) 윤찬영, "조정제도의 합리적 운영을 위한 조정구조 개선방안에 관한 연구", 사법정책연구원 연구총서 2022-09, 55-56 참조.

담당판사 참석 하에 조정조서를 작성하고, 조정사무수행일에 합의가 성립되지 않으면 조정기일 진행 없이 조정불성립, 조정을 갈음하는 결정 등으로 조정절차를 종료할 수 있습니다. 조정사무수행일은 조정기일과 달리 조정기일조서나 조정조서를 작성할 필요가 없도록 하였습니다.

재판 진행 중 담당 재판부가 직접 조정하는 경우에는, 별도의 서면 통지 절차 없이, 재판 중 변론기일에 즉시 조정을 진행하거나, 즉시 조정기일을 지정해서 구두로 고지할 수 있습니다.

법정에서 재판 진행 중, 특히 소액사건의 경우, 판사가 '조정에 회부'한다고 하면서, 법정 경위를 따라가라고 하는 경우가 있습니다. 당황하거나 불안해 하지 않으셔도 됩니다. 법정 경위를 따라가시면, 별도로 마련된 조정실로 안내할 것입니다. 조정실에는 해당 재판부에 소속된 조정위원이나 소액전담 조정위원이 대기하고 있다가, 조정을 진행합니다.

조정기일을 통지할 수 없을 때, 즉 송달이 불가능한 경우에는 어떻게 해야 할까요? 조정신청 사건의 경우, 조정담당판사는 조정신청 각하 결정을 할 수 있습니다(법 제25조). 다만, 실무상 이 경우 신청인의 의사를 물어 소송으로 이행시켜 줄 것을 희망하면 각하 결정 대신 조정이 성립되지 아니한 것으로 종결하기도 합니다(규칙 제2조의 2 제2항 단서의 유추 적용). 조정회부 사건의 경우, 당사자 쌍방 또는 일방에 대해 공시송달에 의하지 아니하고는 기일을 통지할 수 없는 때에는 조정절차를 끝내고 사건을 재판절차로 다시 회부해야 합니다(조정 예규 제25조 제3항 제1호).

공시송달이란, 상대방의 주소지를 모르거나, 상대방 주소지가 맞더라도 부재 중 등의 이유로 송달을 계속 받지 못하는 경우, 일정한 요건 하에 법원사무관 등이 송달할 서류를 보관하고 그 사유를 법원게시판에 게시하는 등의 방법으로 서류를 송달받은 것처럼 간주하는 제도입니다(민사소송법 제195조). 소송 절차와 달리 조정절차는 서로 상대방을 대면하여 실제로 의사 교환하는 과정이 중요하기 때문에, 공시송달의 방법으로는 조정을 진행할 수 없습니다. 그러므로, 조정에 출석하기 전에 미리 대법원 홈페이지 나의 사건 검색 등을 활용하여,[15] 상대방에게 조정기일통지서가 송달되었는지 확인해 보고, 만일 송달이 안 되었을 경우 주소보정을 통해 기일통지서를 상대방이 미리 송달 받을 수 있도록 하면 조정성공률을 높일 수 있습니다.

조정 전에 할 수 있는 일: 조정 전의 처분

조정담당판사 등(민사조정법상 조정담당판사 및 조정담당판사와 동일한 권한이 있는 수소법원, 수명법관, 수탁판사, 상임조정위원을 모두 지칭합니다. 이하 '조정담당판사 등'이라고만 합니다)은 조정을 위하여 특히 필요하다고 인정하면 당사자(신청인과 피신청인)의 신청을 받아 상대방과 그 밖의 사건관계인에게 조정 전의 처분으로 다음의 사항을 명할 수 있습니다(법 제21조).

① 현상변경의 금지: 예컨대, 건물 인도 사건에서 건물의 내부 개조 금지, 건물철거 및 토지 인도를 구하는 조정에서 토지상에 건물 증축, 개축 금지 등

② 물건처분의 금지: 예컨대, 토지소유권이전등기를 구하는 조정에서 그 토지의 양도, 임대 기타 처분 금지 등

---

15) https://www.scourt.go.kr/portal/information/events/search/search.jsp

③ 그 밖에 조정의 내용이 되는 사항의 실현을 불가능하게 하거나 현저히 곤란하게 하는 행위의 배제: 예컨대, 주택인도나 건물철거 및 토지인도를 구하는 조정에서 상대방이 주택 또는 토지의 일부를 전대하는 것을 금지하는 등16)

민사집행법상의 보전처분(가압류, 가처분 등)과 유사하지만, 그 범위가 더 넓게 활용될 수 있다는 장점이 있는 반면, 보전처분과 달리 집행력이 없고(법 제21조 제4항), 30만원 이하의 과태료에 처할 뿐이어서 그 실효성이 떨어진다는 지적이 있었습니다(구 민사조정법 제42조 제1항). 2020년 2월 개정시, 위와 같은 지적을 반영하여 30만원 이하의 과태료를 5백만원 이하의 과태료로 개정하였습니다(법 제42조 제1항). 조정 전 처분에 대해서는 즉시항고를 할 수 있습니다(법 제21조 제3항).

소송절차 및 집행절차는 어떻게 되나요: 소송절차 및 집행절차의 중지

조정신청을 하기 전에 같은 내용의 민사소송이 진행중이라고 하더라도 민사조정신청을 할 수 있습니다. 그러나 이 경우 법원은 결정으로 조정이 종료될 때까지 소송절차를 중지할 수 있습니다(규칙 제4조 제1항). 이러한 소송절차 중지결정에 대하여는 불복하지 못합니다(규칙 제4조 제6항).17)

조정신청 전에 관련 강제집행이나 경매절차 등의 민사집행절차가 개시된 경우에는 집행절차는 조정절차와 관계없이 진행되어 종료됨에 유의하여야 합니다. 다만, 조정담당판사는 공정증서 등에 의해 집행이 개시된 경우 등에는 신청에 의해 담보를 받거나 받지 않고 집행을 정지할

---

16) 법원행정처, 조정실무(2002), 89.
17) 다만, 만일 조정이 불성립되어 소송으로 이행된 경우에는 중복제소의 문제가 발생하게 될 여지가 있습니다.

수 있습니다.[18] 정지결정 또는 속행결정에 대해서는 즉시항고할 수 있습니다(규칙 제5조 제5항). 이는 조정회부 사건에도 적용됩니다.[19]

---

18) 조정담당판사는 분쟁의 실정에 의해 사건을 조정에 의하여 해결하는 것이 상당하다고 인정되는 경우, 조정의 성립을 불가능하게 하거나 또는 현저히 곤란하게 할 우려가 있을 때에는, 신청에 의하여 담보를 제공하게 하거나 제공하게 하지 아니하고 조정이 종료될 때까지 조정의 목적이 된 권리에 관한 집행절차의 정지를 명할 수 있습니다(규칙 제5조 제1항). 다만, 재판 및 조서 기타 법원에서 작성한 서면의 기재에 기한 민사집행절차는 집행정지의 대상에서 제외되므로(규칙 제5조 제1항 단서), 결국 공정증서 등의 경우에만 집행정지의 대상이 될 수 있을 것입니다.
19) 법원행정처, 조정실무(2002), 92.

누가 조정하나요: 조정기관

판사

법원 내 조정을 담당하는 판사: 조정담당판사

각 법원에는 조정담당판사가 있습니다. 조정사건은 조정담당판사가 처리하는 것이 원칙입니다(법 제4조 제1항). 조정담당판사 스스로 조정을 할 수도 있고, 상임조정위원 또는 조정위원회에게 조정을 하게 할 수 있습니다. 다만, 당사자가 조정위원회로부터 조정을 받고 싶다고 신청할 경우에는 조정위원회에 사건을 배당하여야 합니다(법 제7조).

내 재판을 담당하는 판사: 수소법원, 수명법관, 수탁판사

내 재판을 담당하는 판사(수소법원, 수명법관, 수탁판사)는 필요하다고 인정하는 경우에는 항소심 판결 선고 전까지 소송이 계속 중인 사건을 스스로 조정할 수 있습니다(법 제6조, 제7조 제3항). 민사소송 계속 중에 판사가 조정으로 회부하겠다고 하였으나, 조정전담판사에게 보내지 않고 스스로 조정을 하는 경우입니다. 이때도 판사가 직접 조정하는 대신, 재판부 소속 조정위원에게 조정하게 할 수 있습니다.

법관 및 법원 사무관은 조정을 함에 있어서 법복을 착용하지 아니할 수 있다 (조정 예규 제14조)고 규정하고 있습니다. 그러므로, 조정실에 법복을 입지 않고 사복을 입은 사람이 들어온다고 하더라도 판사가 아니라 조정위원일 것이라고 단정할 수는 없어요.

반대로, 조정위원이 진행한다고 하더라도, 판사가 조정위원에게 조정에 필요한 사무를 수행하도록 한 경우,[20] 조정실 밖에 붙어있는 안내문에는 조정위원이 아니라 조정담당판사의 이름이 적혀 있을 수 있습니다. 조정위원이 조정을 진행하다가 당사자 간에 합의가 되면 마지막에 조정담당판사가 입실하여 최종 조정을 마무리하는 것이 통상적인 절차입니다. 다만, 당사자 간 합의가 되지 않아 조정불성립되거나 조정을 갈음하는 결정을 보내기로 한 경우에는 조정담당판사가 들어오지 않은 채 조정절차가 끝나기도 합니다.

조정위원

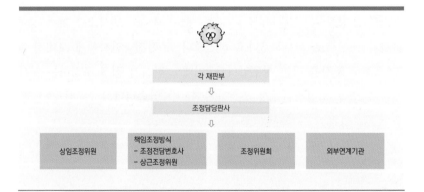

---

20) 책임조정방식이라고 합니다.

상임조정위원

2009년 2월 민사조정법이 개정되면서, 판사의 신분이 아닌 상임조정위원이 다른 일은 하지 않고 법원에 상근하면서, 조정담당판사로부터 넘겨받은 사건의 조정업무를 처리할 수 있게 되었습니다. 이 제도의 가장 중요한 의미는 판단자와 조정자가 분리된다는 점일 것입니다. 당시까지 대부분의 민사조정 사건을 담당판사가 진행하였기 때문에, 판사의 예단이나 편견이 영향을 미친다거나, 조정을 강요당하는 듯한 압박감을 느낀다는 비판이 있었기 때문입니다.[21]

상임조정위원은 조정사무에 있어서 판사와 동일한 권한을 갖기 때문에, ① 판사·검사·변호사[22] 등 통산하여 10년 이상 법조경력을 가진 사람, ② 변호사 자격이 있는 사람으로서 민사조정위원 또는 가사조정위원으로 3년 이상 활동한 사람 중에서 법원이 위촉하고, 공무원이 아니지만 형법상의 뇌물죄가 적용됩니다(법 제10조 제1항). 우리나라 법원 중 서울(중앙, 동부, 서부, 남부, 북부), 인천, 수원, 의정부, 부산, 대전, 대구, 광주 총 12개의 조정센터가 운영되고 있는데, 2024. 3. 기준 총 34명의 상임조정위원들이 이 조정센터에 소속되어 일합니다.[23]

---

21) 비법관에 의한 조정의 확대로 인해 전체의 90% 전후에 이르던 수소법원의 조정 비율이 2010년에는 75%로, 2012년에는 67%로, 2013년도(1월 – 10월)에는 47%로 낮아졌습니다[이성호, "조정의 활성화를 통하여 판결이 아닌 조정화해로 종결할 수 있는 사법시스템을 만들어야", 조정마당 열린대화 제7호 (2013), 14].

22) ① 변호사의 자격이 있는 사람들로서 국가기관, 지방자치단체, 국·공영기업체, 정부투자기관 그 밖의 법인에서 법률에 관한 사무에 종사한 사람과 ② 변호사의 자격이 있는 사람으로서 공인된 대학의 법률학 조교수 이상의 직에 있던 사람을 포함합니다(조정위원 규칙 제2조의 2 제2항).

23) 참고로, 2019년 9월부터는 수원지방법원 광교신청사 및 오산시 법원에 접근하기 어려운 화성시 남양읍 인근 주민들의 사법접근성 향상을 위해 화성시 남양읍 소재 화성시청에 지경 조정센터를 시범 설치하여 수원지방법원 상임조정위원 또는 오산시 법원 조정위원(조정전담변호사)이 월 1 – 2회 조정신청 및 조정회부 사건을 처리하고 있습니다.

2017. 3. 조정위원 규칙 제2조의 2 제1항 2호에 '민사조정위원 또는 가사조정위원으로 3년 이상 활동한 사람'을 위촉 대상에 포함시켰습니다. 이와 같이, 최근에는 조정 분야에 전문성을 가지고 있는 법조인이라면 법조경력 요건을 완화하여 상임조정위원으로 위촉될 수 있도록 하였습니다.

상임조정위원도 후술하는 조정절차에서 조정담당판사가 할 수 있는 일은 대부분 할 수 있으므로, 조정담당판사의 최종 결재 없이도 스스로 조정을 성립시키거나, 조정을 갈음하는 결정을 할 수 있습니다.

조정전담변호사

조정전담변호사는 변호사 중에서 위촉하고, 직무수행법원에 상주하여야 하며, 겸직이 제한됩니다(조정예규 제55조). 원칙적으로 책임조정방식으로 조정업무를 수행합니다. 최근 법원에서는 법률전문가를 통한 조정을 활성화시키기 위해, 조정전담변호사의 채용을 확대하는 추세입니다. 조정전담변호사는 2018년 최초 12명으로 시작하였으나, 그 수가 늘어나 2024년 3월 기준 총 64명이 전국 34개 법원 및 지원에서 조정업무를 수행하고 있습니다. 조정전담변호사가 법원에 상주하여 조정업무만 수행하는 전문 인력이라는 점을 감안하면, 앞서 민사조정법 개정 편에서 언급했던 조정센터의 법제화와 연계하여 이들의 처우에 대해 논의할 필요가 있어 보입니다.

상근조정위원

상근조정위원은 주로 변호사, 법무사, 건축사, 노무사 등 전문분야 직업을 가진 사람들 중에서 위촉합니다. 상근조정위원은 매주 정해진 요일에 법원에서 조정업무를 수행합니다. 다만, 2020. 1.이전에는 조정전담변호사를 상근조정위원이라는 명칭으로 위촉하였으므로, 법원에 따라서는 이들과 명칭을 구분하기 위해 조정전담변호사 이외의 상근조정위원을 '준 상근조정위원'이라고 부르기도 했습니다.

소액전담 조정위원

2021년 3월부터는 소액전담 조정위원 제도가 시범 실시되었습니다. 소액전담 조정위원은 경험과 전문성을 갖춘 시니어 법률가 등이 소액사건 전담 상근조정위원으로 활동하도록 하여 소액사건에서 조정 활성화를 도모하기 위한 제도입니다. 2021년 8개 법원에 12명을 시범적으로 위촉한 이래, 2023년 기준 전국 법원에 19명이 배치되어 있습니다. 위촉 대상은 만 60세 이상 변호사, 법무사, 3년 이상 법원 조정위원 경력자 등입니다.

비상임(일반) 조정위원

고등법원장, 지방법원장 또는 지방법원 지원장이 학식과 덕망이 있는 자로서 미리 위촉한 조정위원입니다(법 제10조). 각 법원별로 일정한 수의 사람이 위촉되어 있으며, 법원에 소속되어 있거나 법원에 상근하는 것이 아니라, 평소에는 각자 생업에 종사하다가, 법원에서 특정 조정사건에 조정위원으로 지정해야 그 사건의 처리를 위해 필요한 사무를 수행하게 됩니다. 통상 해당 사건의 특성과 실정에 비추어 전문적 식견을 가진 자를 그 사건의 조정위원으로 지정하는 경우가 많으며, 변호사, 법무사 등 법률지식 전문가뿐 아니라, 의사, 건축사, 감정평가사, 공인회계사, 교수 등 특수 분야의 전문가들도 많이 포함되어 있습니다(조정 예규 제4조). 각 법원에는 민사재판부별로 그 재판부에 전속하여 활동할 조정위원이 지정되어 있습니다(조정 예규 제6조).

보통 손해배상소송이나 공사대금 청구 등 사건의 경우, 소송에서 나의 주장을 증명하기 위해 감정을 신청해야 할 필요가 있는데, 비싼 감정료를 내야 할 때가 많습니다.

그런데, 법원에서 위촉하는 일반 조정위원들 중에는 법원 감정 경력이 풍부한 전문가들이 많이 포함되어 있습니다. 특히, 서울고법, 대전고법, 대구고법, 부산고법, 광주고법, 수원고법에는 의료, 건축 분야에 상임전문심리위원을 선발하여 아예 법원에 상근하면서 전문심리와 전문분야 조정을 담당하도록 하고 있습니다. 그러므로, 조정을 신청하거나, 조정에 회부되었을 경우, 필요에 따라 건축분야나 의료분야 등의 전문가 조정위원이나 상임전문심리위원을 지정해 달라고 하면 비싼 감정비용을 아낄 수 있습니다.

또한, 상대방과 합의하여 조정위원을 선정할 수도 있기 때문에, 시가 감정이나 측량 감정 등이 필요한 경우 전문 분야의 조정위원에게 정식감정과는 비교도 되지 않는 저렴한 비용으로 간이감정을 맡길 수도 있습니다.24)

다만, 위와 같은 전문가 조정위원의 의견은 어디까지나 조정을 위한 사실조사 차원이므로, 조정불성립되어 소송으로 이행될 경우 증거로 활용할 수 없다는 점은 유의하여야 합니다.

조정위원회

조정위원회는 조정장 1명과 조정위원 2명 이상으로 구성됩니다(법 제8조). 조정장은 조정담당판사 또는 상임조정위원, 수소법원의 재판장 내지 판사가 맡습니다(법 제9조). 조정위원회를 구성하는 조정위원은 당사자가 합의하여 선정한 사람 또는 법원에서 위촉한 조정위원들 중 사건마다 조정장이 지정합니다(법 제10조의 2).

---

24) 자세한 내용은 이 책 'Chapter 2. 민사조정절차 훑어보기 8. 사실조사는 어떻게 하나요 - 간이감정' 관련내용 참조.

조정위원을 바꿀 수 있나요: 조정위원의 제척, 기피, 회피

민사조정에서도 조정위원에 대한 신뢰가 확보되지 않고는 분쟁을 성공적으로 해결하기 어렵습니다. 그러므로, 조정위원은 지정받은 사건의 당사자와 친족, 친구관계 등 특별한 친분이 있거나 그 사건에 관하여 상담한 적이 있는 등 사건의 공정한 처리를 의심받을 만한 사유가 있는 때에는 조정장에게 그 사실을 고지하여야 하고, 고지를 받은 조정장은 상당하다고 인정되면 그 조정위원의 지정을 취소하도록 하고 있습니다 (조정 예규 제9조).

다만, 당사자가 조정위원을 상대로 기피를 신청할 수 있는 조항은 두고 있지 않는데, 이는 조정위원이 법원에 의한 강제적인 권한 행사에는 관여하지 않기 때문으로 생각됩니다.[25] 만일, 전문 조정위원 등과 함께 조정을 하고 싶은 경우에는 의견서 등을 통해 미리 의사를 밝혀 조정전담판사가 배당에 참고할 수 있도록 하면 좋을 것입니다.

---

25) 법원행정처, 조정실무(2002), 47.

누가 출석할 수 있나요

당사자

① 조정신청 사건의 당사자는 자신의 이름으로 조정신청을 한 신청인과 조정신청의 상대방이 된 피신청인입니다. ② 조정회부 사건의 당사자는 민사소송에서와 같이 원고와 피고입니다. 조정당사자가 될 수 있는 자는 자연인, 법인, 공법인(국가 또는 지방자치단체 등), 법인 아닌 사단이나 재단(종중, 교회, 사찰 등으로 대표자 또는 관리인이 있는 경우) 등입니다.

조정 당사자의 자격: 조정 당사자 적격

조정과정에서 당사자적격이 없는 자가 합의하는 경우, 그 조정의 효력은 당사자적격을 가진 자에게 미치지 않습니다. '조정당사자적격이 있다'라고 할 수 있는 사람은 해당 조정사건의 내용으로 되어 있는 구체적인 분쟁을 실질적으로 해결할 수 있는 지위에 있는 자 또는 그 해결에 관하여 정당한 이익을 가진 자입니다.[26] 예를 들어 대여금반환청구 조정사건의 경우, 자기에게 대여금반환청구권이 있다고 주장하는 사람과 대여금을 반환해야 할 의무가 있다고 주장된 사람이 조정 당사자적격이 있습니다.

피신청인(피고) 경정

조정신청사건의 신청인이 피신청인을 잘못 지정하였다면 어떻게 해

---

26) 법원행정처, 조정실무(2002), 59.

야 할까요. 신청인은 피신청인을 바꾸어 달라고 하는 경정신청을 할 수 있습니다. 조정담당판사 등은 신청인을 잘못 지정하였음이 명백한 경우 결정으로 피신청인의 경정을 허가 할 수 있습니다(법 제17조 제1항). 경정을 허가하는 결정이 있는 경우, 새로운 피신청인에 대한 조정신청은 경정신청이 있는 때에 한 것으로 보고(법 제17조 제2항), 종전의 피신청인에 대한 조정신청은 취하된 것으로 봅니다(법 제17조 제3항).

 '잘못 지정한 것이 명백'한 경우

판례상 '피고를 잘못 지정한 것이 명백'하다고 인정한 예로는, ① 주식회사를 피고로 하여야 할 것을 그 대표이사 개인을 피고로 한 경우, ② 지역농협 협동조합을 상대로 해야 할 것인데 농업협동조합중앙회를 상대로 한 경우가 있습니다.[27] 반면, 피고가 될 자가 누구인지를 사실인정과 법률판단을 하여야 최종적으로 인정할 수 있는 경우라면 이에 해당하지 않습니다.[28]

조정신청의 시기는 '제척기간의 준수, 소멸시효 중단' 등 일정 시간이 지나면 권리를 행사할 수 없는 기간과 관련하여 중요할 수 있습니다. 만약 피신청인을 제대로 지정하지 않아 조정신청을 다시 접수하여야 한다면, 권리행사 기간이 지나버려 결국 돈을 받지 못하는 등의 낭패를 볼 수 있기 때문입니다. 그러므로 피고를 지정하기 전에 미리 충분히 검토하고, 의문이 있는 경우 전문가와 상담을 해 보는 것이 좋겠습니다. 조정신청을 한 이후에야 피신청인을 잘못 지정하였음을 알았을 경우 조정기일 이전에라도 경정신청을 하는 것이 좋습니다.

---

27) 법원행정처, 법원실무제요 민사소송 Ⅰ(개정판), 사법발전재단(2014), 287.
28) 대법원 1997. 10. 17. 자 97마1632 결정 등 참조.

조정회부 사건도 피고 지정이 잘못되었음이 명백한 경우, 원고가 피고 경정신청을 할 수 있습니다. 조정회부 사건에 대하여 피고경정이 있는 경우 소송절차에서도 그 효력이 있습니다. 따라서 조정이 되지 않아 사건이 다시 소송절차로 복귀되는 경우에도 경정된 피고가 소송절차의 피고가 됩니다(법 제17조 제4항, 민사소송법 제260조).

나 대신 다른 사람이 출석할 수 있나요: 조정대리인

조정기일에는 기일통지를 받은 본인이 출석하여야 합니다. 다만 특별한 사정이 있는 경우 대리인이 출석할 수 있습니다(규칙 제6조 제1항). 민사소송법은 '변호사대리 원칙'을 규정하고 있습니다(민사소송법 제87조). 반면에 민사조정법은 대리인이 될 수 있는 자의 자격에 관해 위와 같은 제한규정을 두고 있지 않습니다. 특히, 2020. 2. 개정된 민사조정법은 변호사 대리의 원칙을 규정한 민사소송법 제87조, 제88조를 준용규정에서 제외하였습니다(법 제38조). 따라서 변호사가 아니더라도 아래 '대리인이 될 수 있는 사람'은 조정담당판사 등의 허가를 받아 대리인이 될 수 있습니다(규칙 제6조 제2항). 조정담당판사 등은 변호사 아닌 자에 대한 조정대리 허가를 취소할 수 있습니다(규칙 제6조 제4항).

 대리인이 될 수 있는 사람(규칙 제6조 제2항 각호)

당사자의 배우자 또는 4촌 안의 친족으로서 당사자와 생활관계에 비추어 상당하다고 인정되는 경우
당사자와 고용, 그 밖에 이에 준하는 계약관계를 맺고 그 사건에 관한 통상사무를 처리·보조하는 사람으로서 그 사람이 담당하는 사무와 사건의 내용 등에 비추어 상당하다고 인정되는 경우

　더 나아가 조정사건이 소액사건(청구금액 3,000만원 이하의 사건)인 경우에는 당사자의 '배우자·직계혈족 또는 형제자매'는 조정담당판사 등의 허가가 없더라도 조정대리를 할 수 있습니다(규칙 제6조 제2항 단서). 다만 이 경우 대리할 사람은 당사자와의 친족관계를 증명할 수 있는 가족관계증명서, 주민등록등본 등과 수권관계를 증명할 수 있는 위임장을 제출하여야 합니다(소액사건심판법 제8조 제2항).

　한편 조정절차에서 조정전담판사 등의 허가를 얻어 대리인이 되었더라도 조정이 이루어지지 않아 사건이 소송절차로 복귀되는 경우에는 대리인의 자격이 상실된다고 봅니다.[29] 그러므로 조정대리인이었던 사람이 사건의 소송복귀 후에 소송대리를 하고 싶다면 새롭게 소송대리허가신청서와 소송위임장을 제출해야 합니다. 소송대리를 하고자 하는 사람은 소송대리 자격을 갖추고 있어야 합니다(다음 '민사소송의 대리인 vs 민사조정의 대리인' 표 참조).

---

29) 민사조정절차에 관련된 여러 의문점에 대한 검토의견 2. (3)(재민 95-1) [재판예규 제1525호, 시행2015. 4. 8]. 조정절차는 소송절차와 다르고, 조정절차에서의 대리인이 소송절차에서도 대리할 수 있다는 근거규정이 없기 때문입니다.

민사소송의 대리인 vs 민사조정의 대리인

구분 (소송물가액 기준)		민사소송의 대리인	민사조정의 대리인
항소심 사건	제2심 사건	• 법률상 소송대리인(지배인, 선장, 선박관리인, 국가소송수행자 등) • 소송위임에 의한 소송대리인은 '변호사대리의 원칙'이 적용됨	아래 ⅰ), ⅱ)에 해당하는 사람은 변호사가 아니어도 조정전담판사 등의 허가를 받아 조정대리 가능
합의 사건	5억 원 초과30)		
단독 사건	3,000만 원 초과- 5억 원 미만	• 민사소송사건 '항소심· 합의사건'의 경우와 동일 • 단, 아래 ①~④ 경우, ⅰ), ⅱ)에 해당하는 사람은 변호사가 아니어도 법원의 허가를 받아 소송대리 가능 ① 수표금·약속어음금 ② 은행 등이 원고인 대여금· 구상금·보증금 ③ 자동차손해배상보장법에 따른 손해배상 등 ④ 소송목적의 값이 1억 원 이하인 청구 사건 ⅰ) 당사자의 배우자 또는 4촌 안의 친족 ⅱ) 당사자와 고용, 그 밖에 이에 준하는 계약관계를 맺고 그 사건에 관한 통상사무를 처리·보조하는 사람	ⅰ) 당사자의 배우자 또는 4촌 안의 친족 ⅱ) 당사자와 고용, 그 밖에 이에 준하는 계약관계를 맺고 그 사건에 관한 통상사무를 처리· 보조하는 사람
소액 사건	3,000만 원 이하	• 민사소송사건 '단독사건'의 경우와 동일 • 단, 당사자의 배우자, 직계혈족, 형제자매는 법원의 허가 없이도 소송대리 가능 (친족관계 및 수권관계 증명 필요)	• 민사조정사건 '항소심·합의·단독사건'의 경우와 동일 • 단, 당사자의 배우자, 직계혈족, 형제자매는 조정담당판사 등의 허가 없이도 소송대리 가능(친족관계 및 수권관계 증명 필요)

---

30) 2022. 1. 민사 및 가사소송의 사물관할에 관한 규칙 제2조를 개정하여, 2022. 3. 1.부터 종전 소가 2억 원을 초과하는 사건에서 5억 원을 초과하는 사건으로 합의 사건 관할 기준이 변경되었습니다.

제3자도 참가할 수 있나요: 조정참가인

조정의 결과에 관하여 이해관계가 있는 자는 스스로 참가신청을 하여 조정에 참가할 수 있습니다(법 제16조 제1항). 조정담당판사 등이 필요하다고 인정하면 조정의 결과에 관하여 이해관계가 있는 자를 조정에 참가하게 할 수도 있습니다(법 제16조 제2항). 여기서 '이해관계'는 법률상의 이해관계에 국한되지 않고, 경제상·사실상의 이해관계도 포함됩니다.

 이해관계가 있는 자의 예

① 건물철거 및 토지인도 사건: 건물의 임차인, 토지를 매수한 자 등
② 교통사고 사건: 가해자가 가입한 손해보험회사
③ 연대보증인에 대한 보증채무금 사건: 주채무자
④ 임차인에 대한 건물명도 사건: 전차인
⑤ 수익자·전득자에 대한 사해행위취소 사건: 채무자

이해관계가 있는 자는, 조정신청·조정회부 사건이 계속 중이라면 언제든지 참가신청을 할 수 있습니다. 조정기일 이전에도 참가신청이 가능합니다. 참가신청은 서면 또는 말로 할 수 있습니다. 만약 제3자와 법률상·경제상·사실상 이해관계가 발생할 가능성이 있는 경우 조정참가제도를 잘 활용한다면 사건 본인뿐만 아니라 이해관계인을 포함하여 한번에 분쟁해결을 할 수 있습니다. 조정참가인은 조정기일을 통지받고, 조정기일에 참가할 수 있습니다. 또한 조정참가인이 조정에 참가한 때에는 조정조서 또는 조정에 갈음하는 결정서 정본을 송달받습니다. 조정참가인에 대하여 조정이 성립되거나 조정을 갈음하는 결정이 확정되면 그 조정성립의 효력이 참가인에게도 미칩니다.

대표로 한 사람만 출석할 수 있나요: 대표당사자

공동의 이해관계가 있는 다수의 당사자는 그 중 한 사람 또는 여러 사람을 대표당사자로 선임할 수 있습니다(법 제18조 제1항). 조정전담판사 등은 필요하다고 인정하는 경우 당사자에게 대표당사자를 선임하라고 명할 수 있습니다(법 제18조 제3항).

대표당사자가 선임된 경우 대표당사자 외의 당사자에게는 조정기일을 통지하지 않을 수도 있습니다(법 제18조 제5항) 대표당사자는 자신을 선임한 다른 당사자를 위하여 조정절차에 관하여 분쟁 해결에 관한 종국적인 행위(① 조정조항안의 수락, ② 조정신청의 취하, ③ 조정을 갈음하는 결정에 따른 관계되는 행위, ④ 대리인 선임)를 제외한 모든 행위를 할 수 있습니다(법 제18조 제4항).

대표당사자가 기일에 출석하여 상대방과 합의가 이루어진 경우에는 어떻게 될까요? 대표당사자는 사건에 관하여 종국적인 행위를 하지 못하므로 실무상 '대표당사자 본인'과 상대방 사이에서만 조정이 성립(임의조정)된 것으로 하고, 나머지 당사자들에게는 같은 내용의 조정을 갈음하는 결정(강제조정)을 별도로 송달하는 방식으로 진행하고 있습니다.[31]

---

31) 이처럼 대표당사자는 분쟁해결에 관한 종국적인 행위를 할 권한이 없어 실무상으로 별로 이용되지 않습니다. 이에 대하여 입법론적으로 조정절차에서도 선정당사자제도를 도입해야 한다는 논의가 있습니다[법원행정처, 조정실무(2002), 62 참조].

조정이 불성립되거나 조정을 하지 아니하는 결정 등에 의하여 조정사건이 소송으로 복귀되는 경우, 조정절차에서 대표당사자였던 자가 소송절차에서의 선정당사자로 바뀌는 것은 아닙니다. 따라서 선정당사자 신청 요건을 갖추었고, 신청할 필요성이 있는 경우라면 선정당사자 신청서를 법원에 새롭게 제출해야 합니다.

소송에서의 선정당사자는 어떻게 되나요: 선정당사자의 지위

선정당사자란 공동의 이해관계를 가진 여러 사람이 공동소송인이 되어 소송을 할 경우 그 가운데서 모두를 위하여 소송을 수행할 당사자로 선출된 자를 말합니다. 소송절차와 달리 조정절차에서는 선정당사자를 새로이 선정할 수 없습니다. 민사조정법은 민사소송법상의 선정당사자에 관한 규정을 준용하지 않기 때문입니다(법 제38조 참조). 반대로 선정당사자가 사건의 조정회부 이전의 소송절차에서 이미 선정되었던 경우에는 어떻게 될까요? 논란의 여지가 있지만, 실무에서는 그 선정당사자가 그대로 소송절차에서와 마찬가지로 조정절차에서도 모든 행위(조정성립 등 종국적인 행위를 포함함)를 할 수 있다고 봅니다.[32] 이 점에서 종국적인 행위를 하지 못하는 '대표당사자'와 차이가 있습니다.

---

32) 법원행정처, 조정실무(2002), 63.

다른 사람이 이어받아 조정할 수 있나요: 조정절차의 승계

민사조정법과 민사조정규칙에는 명문의 규정이 없으나 실무에서는 아래와 같은 경우 조정절차를 이어받아 할 수 있다고 봅니다(이를 '당연승계'라고 함, 민사소송법 제233조 이하의 소송절차의 중단과 소송의 수계에 관한 규정을 조정절차에 유추적용).33)

 당연승계 사유(민사소송법 제233조 이하)

① 당사자가 사망한 때(민사소송법 제233조)
② 당사자인 법인이 합병한 때(민사소송법 제234조)
③ 당사자가 소송능력을 잃은 때 또는 법정대리인이 죽거나 대리권을 잃은 때(민사소송법 제235조)
④ 수탁자의 임무가 끝난 때(민사소송법 제236조)
⑤ 일정한 자격에 기하여 당사자가 된 자의 자격상실(민사소송법 제237조)
⑥ 당사자가 파산선고를 받은 때(민사소송법 제239조)

또한 소송계속 중 소송물이 양도된 경우에는 양수인이 스스로 참가하여 새로운 당사자가 될 수 있습니다(이를 '참가승계'라고 함, 민사소송법 제81조).34) 또한 양도인이 양수인(제3자)을 새로운 당사자로 끌어들일 수도 있습니다(이를 '인수승계'라고 함, 민사소송법 제82조). 민사조정법에는 참가·인수승계에 관한 규정이나 준용규정도 없지만, 이 또한 가능하다

33) 법원행정처, 조정실무(2002), 60-61.
34) 예를 들어 소송의 목적이 되는 대상을 증여·매매한 경우, 행정처분(기획재정부장관의 계약이전 명령 등), 집행처분(매각허가, 전부명령 등), 법률상 당연이전(법정대위 등)에 해당합니다. 소송물인 권리관계를 전부 양도가 아닌 일부 양도한 경우도 이에 해당합니다[이시윤, 신민사소송법(제17판), 박영사(2024) 874].

고 봅니다. 다만, 조정절차에서는 민사조정법에서 규정하고 있는 '조정 참가인 제도'를 이용하는 것이 가능하고, 더 간편할 수도 있습니다.

어디서 조정하나요: 조정장소

조정은 통상 판사실, 조정실, 심문실에서 진행하지만, 사건의 내용, 당사자의 의사와 편의 등을 고려하여 법원 외의 적당한 장소에서 조정을 할 수 있습니다(법 제19조 제1항, 조정 예규 제14조). 다만, 조정위원이 법원 외의 장소에서 조정사무를 수행할 경우에는 조정담당판사 등의 허가를 받아야 합니다(법 제19조 제2항).

법원

조정사건은 대부분 법원 내의 조정실, 심문실에서 진행됩니다. 간혹 판사실에서 진행할 수도 있습니다. 법정과 달리 조정은 통상 비공개로 진행되기 때문에 조정실이나 심문실은 약 5－10명 정도가 착석할 수 있는 테이블이 있는 작은 방입니다.

법원 연계형 기관

조정은 법원 외의 기타 적당한 장소에서 진행할 수 있습니다. 그러므로, 법원에서 조정사건을 외부 분쟁조정기관인 법원 연계형 기관, 즉 변호사회나 법무사협회, 대한상사중재원, 공정거래조정원, 한국소비자원, 콘텐츠분쟁조정위원회, 한국거래소, 기독교화해중재원, 한국저작권위원회, 고려대·성균관대·중앙대 법학전문대학원 등에 위탁할 경우 해당 기관 내 사무실 등에서 조정이 진행될 수 있습니다.

기타 사건 현장 등

　민사재판절차에서 현장을 가기 위해서는 현장검증신청이라는 엄격한 절차를 거쳐야 하지만, 민사조정은 사건 현장 등 법원 외부 장소에서도 조정위원과 당사자들이 시간과 장소를 약속하고 만나 조정기일이나 조정사무수행기일을 진행할 수도 있습니다(자세한 내용은 '조정을 위한 사실조사는 어떻게 하나요' 관련내용에서 후술함).

어떤 방식으로 진행되나요

조정절차는 공개하나요

조정절차는 공개하지 아니할 수 있습니다. 다만, 조정절차를 공개하지 아니하는 경우에도 조정담당판사는 적당하다고 인정하는 자에게 방청을 허가할 수 있습니다(법 제20조).

민사조정이 비공개 원칙이라고 하더라도, 아무나 와서 방청을 할 수 없다는 것이지, 가족이나 지인 등 당사자를 도와줄 수 있는 사람은 소송보다는 더 자유롭게 조정 과정에 참여할 수 있습니다.

법정에서는 정식으로 소송대리허가를 받지 않는 이상 가족이나 지인이 판사 앞에 대신 나가서 진술할 수 없습니다. 그러나, 조정실에서는 상대방이 동의하거나 조정담당판사나 조정위원의 허락이 있을 경우 가족이나 지인이 조정실에 동석하여 조정을 진행할 수 있을 것입니다. 특히, 당사자가 고령이거나 귀가 잘 안 들리는 등 사정으로 혼자서 진행이 어려운 경우 큰 도움이 될 수 있을 것입니다.

다만, 소송대리 허가 없이 관계자만 출석한 경우, 비록 상대방과 합의하더라도 임의조정으로 당일 사건을 끝낼 수 없고, 조정을 갈음하는 결정을 별도로 당사자에게 송달하는 방식으로 사건을 종결합니다.

조정기일과 출석

꼭 내가 출석해야 하나요: 당사자의 출석의무

조정기일 통지를 받은 당사자는 기일에 본인이 출석하여야 합니다. 그러나, 특별한 사정이 있는 경우에는 대리인을 출석시키거나 보조인을 동반할 수 있습니다(규칙 제6조 제1항). 다만, 당사자가 불출석할 경우에도 아무런 제재규정이 없습니다. 그러므로, 상대방이 조정기일에 출석하지 않았다고 하더라도 강제로 상대방을 소환할 수 있는 방법도 없습니다. 가사조정절차에 관하여는 가사소송법이 "조정기일에의 소환을 받은 당사자가 정당한 이유 없이 출석하지 아니한 때에는 50만원 이하의 과태료에 처할 수 있고 구인할 수 있다"고 규정하고 있는 것과 대비됩니다(가사소송법 제7조, 제66조).

조정이 성립할 경우 그 내용은 재판상 화해와 동일한 효력이 있어(법 제29조) 더 이상 불복할 수 없습니다. 그러므로, 조정기일에는 가급적 본인이 직접 출석하는 것이 가장 좋습니다. 만약 대리인만 출석한다면, 미리 소송대리허가신청서(재판절차에서 제출할 경우)나 조정대리허가신청서(조정절차에서 제출할 경우)를 제출하는 것이 효율적입니다. 또한 대리인이 미리 당사자와 충분히 협의하여 수용가능한 조정안을 가지고 출석한다면, 조정실에서 서로의 입장을 조율하는 시간을 줄일 수 있습니다.

조정 진행 중 대리인이나 관계자가 당사자의 의사를 정확히 확인해야 할 필요가 있을 경우, 조정위원의 양해를 얻어 조정실 밖에서 당사자와 통화하고 다시 조정실로 입실하여 당사자의 의사를 전달하는 등의 방법을 활용하면 좋을 것입니다.

불출석하면 어떻게 되나요

조정신청사건의 경우, 신청인이 조정기일에 출석하지 아니한 때에는 다시 기일을 정하여 통지하여야 합니다(법 제31조 제1항). 새로운 기일 또는 그 후의 기일에 신청인이 출석하지 아니한 때에는 조정신청이 취하된 것으로 봅니다(법 제31조 제2항). 피신청인이 조정기일에 출석하지 아니한 때에는 조정담당판사 등은 상당한 이유가 없으면 직권으로 조정을 갈음하는 결정을 할 수 있습니다(법 제32조).35)

소송절차에서와 달리 조정절차에서는 신청인의 2회 불출석으로 곧바로 조정이 취하된 것으로 간주되고, 기일지정신청 제도도 없습니다. 따라서 조정신청 사건의 경우 신청인이 불출석하지 않도록 유의해야 하고, 만일 부득이하게 통지된 기일에 출석할 수 없다면 미리 조정기일을 변경해달라고 신청하는 것이 좋습니다.

조정회부사건의 경우, 조정기일에 당사자 쌍방 또는 일방이 출석하지 아니한 경우 조정담당판사 등은 상당하다고 인정하는 때에는 조정을 갈음하는 결정을 할 수 있습니다. 당사자가 출석하지 않아 조정기일을 2회 이상 진행하지 못한 경우에는, 조정을 갈음하는 결정을 하거나, 조정절차를 종결하고 사건을 수소법원에 다시 회부하여야 합니다(규칙 제4조 제5항).

---

35) 2020년 2월 민사조정법 개정 전에는 피신청인이 조정기일에 출석하지 아니한 경우 조정담당판사는 상당한 이유가 없으면 직권으로 조정을 갈음하는 결정을 "하여야 한다."고 규정하였음에 반하여, 개정 후에는 "할 수 있다"로 변경되었습니다.

사건 일부를 분리하거나, 다른 사건과 함께 진행할 수 있나요
: 사건의 분리·병합

조정담당판사 등은 조정사건의 분리 또는 병합을 명하거나 이를 취소할 수 있지만(법 제14조의 2), 실무상 거의 이용되지 않습니다. 성질상 불가분이 아닌 한, 일부 당사자나 일부 내용에 대해서만 조정을 할 수 있고, 여러 사건을 병행하여 처리할 수 있기 때문에, 굳이 사건을 분리하거나 병합할 필요성이 적기 때문입니다. 다만, 공유물분할청구, 회사 등 단체관계소송, 총유나 합유관계 소송 등 조정의 결과가 합일적으로 확정되어야 하는 경우(필수적 공동조정)에는 분리할 수 없다고 할 것입니다.

- **당사자 일부에 대한 조정 예시:** 원고는 한 명인데, 피고가 여러 명일 때, 피고1은 원고와 조정을 원하고, 나머지 피고들은 조정을 원하지 않는 경우에는, 사건을 분리하여 원고와 피고1에 대해서는 조정을 하고, 원고와 나머지 피고들에 대해서는 조정불성립 후 본안 재판절차로 회부할 수 있습니다.
- **사건을 병행 조정하는 경우의 예시:** 원고와 피고는 동일한데, 한 사건은 소액재판부 또는 단독 재판부에서, 다른 관련사건은 합의 재판부에서 진행되고 있을 경우, 양쪽 사건을 소송절차에서 병합하기는 불가능합니다. 그러나, 양쪽 재판부에 조정회부해 달라고 하고, 조정절차에서는 같은 조정위원에게 두 사건을 한꺼번에 조정하도록 할 수는 있을 것입니다.

서류는 어떻게 제출하나요: 법원 조정회부 이후에 제출된 서면의 처리

본안 재판부에서 사건을 조정에 회부한 때에는 소송절차는 중지되므로, 그 후 당사자가 제출한 준비서면, 청구취지변경신청서, 반소장 등은 조정절차를 위하여 제출한 것으로 보고 처리됩니다.[36]

간혹 조정회부 후 준비서면 등을 접수할 때, 소송 사건 번호(2021가단0000호, 2021가합0000호, 2021나0000호 등)로 접수해야 하는지, 아니면 조정 사건 번호(2021머0000호)로 접수해야 하는지 물어보시는 분들이 계십니다.

민사소송 사건이 조정에 회부된 때에는 그 절차가 종료될 때까지 소송절차가 중지되므로(규칙 제4조 제2항), 조정 사건 번호로 접수하는 것이 원칙입니다. 다만, 소송 사건 번호로 접수하더라도 실무상 재판부에서 조정담당판사나 조정위원에게 추송하고 있으므로, 조정 사건 번호로 중복 접수할 필요는 없어 보입니다. 단, 전자소송 사이트에서 전자서류로 접수할 경우에는 자동으로 조정번호로 접수하도록 시스템화되어 있음을 참고해 주시기 바랍니다. 조정번호로 접수한 서류들은 조정불성립 등으로 조정절차가 종결되고 민사소송으로 자동으로 이행 또는 복귀될 경우 폐기되지 않고 민사소송으로 자동으로 보내지므로, 다시 접수하지 않으셔도 됩니다.

---

36) 다만, 재판절차와 달리, 준비서면, 청구취지변경신청서, 반소장 등이 제출되면 그에 기초하여 조정을 진행하면 되는 것이고 반드시 조정기일에 이를 진술시켜야 하는 것이 아니며, 이를 진술시키느냐의 여부는 조정기관의 재량에 달려 있습니다. 그러나 위 준비서면 등을 진술시킨 경우에도 민사조정법 제23조는 조정절차에서의 진술은 민사소송에서 원용하지 못한다고 규정하고 있고 조정절차와 소송절차는 준별되므로 소송복귀 후 수소법원(내 사건 담당 재판부)에서 다시 진술시켜야 합니다[민사조정절차에 관련된 여러 의문점에 대한 검토의견(재민 95-1) 3].

만일, 준비서면이나 청구취지변경신청서, 반소장이 아닌 조정을 위한 '의견서'를 접수하였을 경우에는 통상 상대방에게 송달되지 않으며, 특히, 조정기일 당일에 조정의견서나 참고자료를 들고 왔을 경우에는 조정위원이 조정을 위해 참고로만 보고 다시 돌려주거나 파기하는 경우가 많음에 유의하시기 바랍니다.

조정절차에서는 상대방이 조정의사가 없어 조정에 불출석하겠다는 등의 의사를 조정의견서에 적어 접수하더라도, 나에게 송달되지 않는 경우가 많습니다. 다만, 전자소송의 경우, 법원에서 상대방의 서류를 송달해 주지 않더라도 미리 전자소송 사이트에 접속해서 이를 확인할 수 있습니다.
상대방이 출석하지 않는다고 하더라도, 조정담당판사 등이 조정 당일 출석한 당사자의 의견만 듣고도 조정을 갈음하는 결정을 할 수도 있기 때문에, 나도 조정의사가 전혀 없다는 등의 특별한 사정이 없는 한, 조정기일에 출석하는 것이 바람직할 것입니다.

조정은 몇 번 정도 진행되나요

조정기일을 몇 번 정도 진행해야 하는지, 조정절차 내에서 어느 정도 시간 동안 있을 수 있는지에 대한 일반적인 규정은 없습니다. 다만, 조정 성립 가능성이 있을 때 1, 2회 정도는 조정기일을 속행하여 조정을 시도해 보면 도움이 되겠지만, 지나치게 조정절차에서 시간이 지연되는 것은 신속성을 추구하는 조정제도의 본질에 맞지 않으므로 지양되어야 하겠습니다.

조정기일변경이 가능한가요

소송절차에서 변론기일변경신청을 할 수 있는 것처럼, 조정기일변경신청도 가능합니다. 다만, 간이·신속한 절차 진행을 추구하는 민사조정의 목적을 고려하면, 약 3개월 이상 정도의 변경신청은 받아들여지지 않을 가능성이 많습니다. 또한, 상대방이 동의하지 않거나, 조정지연만을 목적으로 한다고 보여지는 등의 사정이 있을 경우에도 변경신청이 불허될 수 있습니다.

만일, 조정의사는 있지만 당장 돈을 준비할 수 없다는 등의 사정으로 약 3개월 이상 정도의 시간이 필요할 경우에는, 우선 조정기일에 출석하여 이러한 사정을 말한 후 소송절차로 복귀한 다음, 여건이 마련된 후에 다시 담당판사에게 조정에 회부해 달라고 요청하는 것도 좋은 방법입니다.

영상조정 등 비대면 방식의 조정

민사소송의 경우, 종전에는 변론준비절차에 한하여 원격영상재판이 가능하였으나, 2021. 8. 법 개정으로, 교통의 불편 또는 그 밖의 사정으로 당사자가 법정에 직접 출석하기 어렵다고 인정하는 때에는 당사자의 신청을 받거나 동의를 얻어 원격영상재판을 할 수 있도록 하였습니다(민사소송법 제287조의 2, 민사소송규칙 제73조의 2, 제73조의 3).

그렇다면, 조정절차에서도 영상조정이 가능할까요? 민사조정법에는 관련 규정이 없으나, 2021. 10. 개정된 민사조정규칙은, 조정담당판사가 상당하다고 인정하는 때에는 당사자의 신청을 받거나 동의를 얻어 비디오 등 중계장치에 의한 중개시설을 통하거나 인터넷 화상장치를 이용하여 조정기일을 열 수 있다고 하였고(규칙 제6조의 2 제1항), 조정위원이 조정사무수행기일에서도 당사자의 의견을 들어 영상조정을 진행할 수 있도록 하였습니다(규칙 제6조의 3). 또한, 조정담당판사 또는 조정위원회가 필요하다고 인정하는 때에는, 당사자의 의견을 들어, 영상조정의 방식으로 소속 법원의 조정위원으로부터 하여금 전문적인 지식, 경험에 기한 의견을 진술하게 할 수 있도록 하였습니다(규칙 제12조). 만약, 영상조정 중에 임의조정이 성립한 경우에는, 영상조정기일에서 당사자들이 조정조항에 기한 조정의 성립을 확인하는 장면을 녹화하여 보관하는 것으로 조정조항 서면의 작성을 갈음할 수 있도록 하였습니다(규칙 제21조).37)

당사자가 영상조정을 신청한 경우, 법원 실무상 상대방에게 영상조정에 대한 의견조회서를 송달하여 동의 여부를 확인한 후, 조정기일이나 조정사무수행기일 전에 영상조정실 접속링크를 전달하고 있습니다(별지 3 외부참석자 영상재판 접속방법 안내 참조). 영상조정은 상대방이 부동의하더라도 신청한 당사자의 일방 영상조정으로 진행할 수 있습니다.

그렇다면, 민사조정규칙에서 정한 비디오중개시설이나 인터넷 화상장치 외에 전화 통화, 팩스, 이메일 방식 등 기타 비대면 방식으로 조정을 진행하는 것도 가능할까요?

민사조정법은 조정에 관하여 당사자나 이해관계인의 진술을 듣고 필요하다고 인정하면 "적당한 방법"으로 사실조사를 할 수 있다고 규정하여 사실조사의 방식에 아무런 제한을 두고 있지 않고(법 제22조), 후술하는 바와 같이 조정담당판사 등은 조정기일을 개최하지 않고도 제반사정을 참작하여 조정을 갈음하는 결정을 할 수 있으므로, 전화 통화 등의 비대면 방식으로 당사자들의 조정의사를 확인하고 조정을 진행하는 방법도 가능할 것으로 생각됩니다. 실제로, 현재 외부연계기관 조정의 경우 전화, 팩시밀리, 이메일, 전화회의 등을 통해 의견청취를 하는 등의 비대면 방식으로 조정사무수행기일을 진행하고 있고, 법원에 따라 전화 조정 등의 방법을 활용하기도 합니다. 다만, 이러한 비대면 방식의

---

37) 조정기일과 달리 조정사무수행기일은 민사소송규칙 제73조의 2 및 제73조의 3이 명시적으로 준용되지는 않습니다. 반면, 조정사무수행일에서 합의가 성립되어 임의조정을 위해 바로 영상조정기일을 개최하려는 경우에는 민사소송규칙 제73조의 2 및 제73조의 3이 준용되므로 영상 접속 전 당사자의 신청 또는 동의를 받을 필요가 있습니다.

조정을 신청하더라도, 법원이나 외부 연계기관별 담당자의 성향이나 갖추어진 설비, 환경에 따라 실시 가능 여부가 달라질 수 있습니다.

　개정 민사조정규칙의 시행에 발맞추어 법원행정처에서 각급 법원의 영상조정 장치 및 시설 확보를 추진하고 있으므로, 영상조정 등 비대면 방식의 조정을 적극 활용하시기 바랍니다.

조정절차에서의 사실조사란 조정기관이 특별한 방식의 제한이나 강제력의 사용 없이 자유롭게 자료를 수집하는 것입니다. 쌍방이 수긍할 수 있는 조정안이 도출되려면 조정절차에서도 어느 정도 분쟁의 사실관계를 확인할 필요가 있습니다. 특히 사실관계 확인이 필요한 사건의 유형으로는, 토지 경계 분쟁사건, 건축사건(공사대금 청구, 건축하자 보수비용 청구 사건 등), 손해배상 사건(교통사고, 산업재해 등), 일조·통풍·소음·진동 등을 원인으로 한 환경 및 근린 생활 분쟁 사건 등이 있습니다.

그러나 조정의 목적은 당사자가 자발적으로 신속하게 분쟁을 해결하는 것이지 사실을 확정하는 것이 아닙니다. 따라서 조정절차에서의 사

---

38) 2020. 2. 민사조정 관련법령의 개정으로 '증거조사' 내용이 삭제되고, 사실관계의 확인 방법으로의 '사실조사'만이 남게 되었습니다. 아직 사실조사 방법에 관한 구체적인 규정이 없어 그 범위가 명확하지 않으나 이하 내용은 2020. 11. 6. 사법정책연구원 발행, '조정절차에서의 사실조사' 현안보고서를 바탕으로 정리하였습니다.

실조사는 법적 근거 없이 강제력을 사용하지 않고, 의무를 부과하지 않는 방법으로 이루어집니다.

예를 들어 유류분 반환 청구 사건에서 쌍방에게 조정의사는 있지만, 상속재산의 범위를 확정하기 위해 증거조사가 필요하다면 어떻게 해야 할까요?
금융정보제출명령이나 문서제출명령과 같이 강제력이 필요한 증거신청을 하려면, 조정절차에서 불가능하므로 소송으로 복귀하여 증거조사를 한 후 다시한 번 조정으로 회부해 달라고 요청해야 합니다.
만약, 간단한 시세감정만 하면 조정을 할 수 있는 경우는 어떨까요? 법원에따라서는 2020.2. 민사조정법 개정 이후에도 쌍방이 동의할 경우 간단한시세감정촉탁이나 측량감정촉탁 등을 조정절차 내에서 허가하고, 본안으로복귀한 후에도 촉탁감정결과를 원용할 수 있다고 해석하는 경우가 있으므로,이를 참고하시기 바랍니다.[39]
이외에 감정평가사 조정위원 참여를 요청하여 현장조사를 통해 시세에 대한의견을 청취하거나, 회계사, 세무사 등의 전문가 조정위원의 참여를 요청하여, 상속과정에서 발생하는 여러 가지 고려사항에 대해 전문가의 의견을 청취하는 기회를 가져보는 것도 좋은 방법입니다.

조정절차에서 가능한 사실조사 방법으로는 ① 서류조사, ② 당사자및 참고인으로부터의 진술·의견 청취, ③ 전문가 조정위원으로부터의의견 청취, ④ 전문가 조정위원에 의한 사실조사(간이감정), ⑤ 토지·건물의 현장 확인 등이 있습니다.

---

39) 조정절차에서 감정촉탁이 가능한지 여부에 대하여는 이견이 있을 수 있습니다. 2020.
11. 6. 사법정책연구원 발행, '조정절차에서의 사실조사' 현안보고서 62-63 참조.

서류조사

앞서 살펴본 바와 같이, 2020. 2. 민사조정법의 개정으로 증거조사 규정이 삭제되었기 때문에, 조정절차에서는 소송절차와 달리 '문서제출 명령'이나 '문서송부촉탁'은 활용하기 어렵습니다. 다만 당사자의 요청에 의하여 문서를 소지한 자나 기관이 임의로 조정기관에 문서를 제출한다면, 이는 강제력을 사용하거나 의무를 부과하는 방식이 아니므로 허용됩니다. 사실관계 확인에 필요한 서류를 가지고 있는 자가 당사자에게는 서류제출을 거부하지만 법원 밖에서 조정담당판사 등에게 임의로 사본을 교부하겠다는 의사를 밝힌 경우에는 '법원 밖 서증조사'가 가능할 것입니다.[40]

당사자 및 참고인으로부터의 진술·의견청취

조정담당판사 등은 당사자나 이해관계인으로부터의 진술을 청취할수 있습니다(법 제22조). 생업 등의 이유로 조정기일에 출석하기 곤란한 당사자·참고인에 대해서는 법원 밖의 적당한 장소에서 조정위원에 의한 사실조사(조정위원에 대한 사실조사 촉탁)의 방법으로 진술·의견을 청취하도록 할 수도 있습니다.

전문가 조정위원의 의견 청취

조정절차에서 전문지식에 기초한 자료, 예를 들어 의료사건에서 진료

---

40) 다만, 이 경우에도 소송절차에서의 증거조사와는 달리 '협력의무'에 대한 근거 규정이 없으므로 서류를 소지한 자에게 서류조사에 대해 거부할 수 있음을 사전에 명확히 고지하여야 합니다.

기록부나 그 감정결과가 제출되면 일반인은 그에 대해 해석하거나 이해하기가 어렵습니다. 이런 경우 전문가 조정위원으로부터 의견을 청취할수 있습니다.[41] 전문가 조정위원의 의견 진술 방법에는 제한이 없습니다. 말로 하는 것이 일반적이나, 후술할 간이감정 등의 경우에는 사실조사보고서에 포함하여 서면으로 제출할 수도 있습니다.[42]

간이감정

감정이 필요한 사건들이 있습니다.[43] 대표적으로 건축사건(공사대금의 적정성, 하자의 발생여부 및 범위), 손해배상 사건(손해의 존재여부 및 인과관계, 그 범위) 등입니다. 그러나 소송절차에서 감정을 하면 많은 비용과 시간이 소요됩니다. 그래서 감정을 한 이후에는 이미 발생한 감정비용의 부담 문제로 조정을 하지 못하는 경우도 있습니다. 이 경우, 조정절차에서 전문가 조정위원에게 사실조사를 촉탁하여 그 결과를 바탕으로 조정을 시도하는 것이 바람직합니다.[44] 조정전담판사 등이 건축사, 의사 등 전문가 조정위원에게 사실조사를 맡기고, 간단한 형식의 사실조사보고서의 제출을 요구할 수 있는데, 이를 '간이감정'이라고 부릅니다.[45] 간이감정은 소송절차에서의 감정에 비하여 신속하고 비용이 저렴하여 조정의 목적(신속하고 효율적인 분쟁해결)에 부합합니다.

간이감정을 시행한 후에는 통상 별도로 조정기일을 속행하여 그 결

---

41) 규칙 제12조, 조정예규(재민 2001-8) 제7조 제3항이 근거규정입니다.

42) 법원행정처, 조정실무(2002), 115.

43) 감정이란 전문적 지식과 경험을 가진 전문가로 하여금 사실관계에 대해 확인하고 법원에 보고하게 하는 증거조사방법입니다. 예를 들어 시가감정, 임료감정, 필적감정, 신체감정, 공사비감정, 하자보수비감정 등이 있습니다.

44) 민법 제10조 제3항, 법 제7조, 규칙 제8조 제3항, 조정예규(재민 2001-8) 제7조 제3항, 같은 예규 제16조, 비송사건절차법 제12조가 근거규정입니다.

45) 법원행정처, 조정실무, 114.

과를 토대로 조정을 시도합니다. 필요한 경우 간이감정을 시행한 조정 위원은 조정기일에 출석하여 사실조사보고서에 대한 보충의견을 진술할 수도 있습니다. 다만, 간이감정은 소송절차에서의 감정과 달리 증거자료가 되지는 않고 전문 지식을 보충하는 참고자료만 되므로 유의하여야 합니다.[46)]

간이감정을 할 경우, 조정당사자는 사실조사를 위하여 필요한 관련 서류(예컨대, 건축 관련 분쟁은 공사계약서, 설계도, 시방서, 현장사진 등, 자동차사고로 인한 손해배상청구사건은 진단서, 진료기록 등)를 미리 준비하여 조정 위원에게 참고자료로 제출할 수 있습니다.[47)]

현장 확인, 현지조정

조정담당판사 등이 현장을 확인하여 현황을 파악할 필요가 있는 사건들이 있습니다.[48)] 토지·건물을 둘러싼 분쟁(토지통행 관련사건, 건물하자 관련사건 등)이 그 대표적인 유형입니다. 이 경우 현장 확인, 현지조정을 활용할 수 있습니다. 강제력을 사용하지 않는 범위 내에서 적당한 방법으로 현장을 확인하며(법 제22조), 분쟁의 목적물 등을 실제로 조사하고 당사자 등으로부터 실정을 청취할 수 있습니다.

조정담당판사 등은 사건의 내용, 당사자의 의사와 편의 등을 고려하여 법원 외의 적당한 장소에서 조정을 할 수 있으며, 이에 따라 법원 외

---

46) 감정은 법관이 판단능력을 보충하기 위한 증거조사이므로 그 결과는 '증거자료'가 됩니다.

47) 조정예규(재민 2001-8) 제16조 제1항 후문 참조.

48) 조정위원에 의한 간이감정이 이루어진 경우에는 그 사실조사 과정에서 현장 확인도 이루어질 것이므로 별도의 현장 확인이 필요하지 않을 것입니다.

에서 행해지는 조정을 '현지조정'이라고 합니다.[49] 현지조정기일도 조정기일이므로 당사자(조정참가인이 있는 경우 조정참가인 포함)에게 통지합니다(법 제15조 제1항).

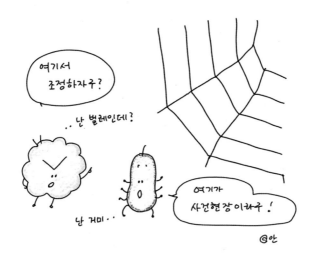

사실조사 비용과 그 예납

가장 궁금한 '간이감정'의 비용은 얼마 정도일까요? 전문가인 조정위원이 조사하니 비싸지 않을까요? 소송절차에서의 감정비용과 얼마나 차이가 있을까요? 간이감정의 경우, 그 조정위원에게 지급할 사실조사 비용의 최고한도는 사건당 30만 원입니다. 다만 조정담당판사 등이 상당하다고 인정하는 때에는 그 비용을 증액할 수 있습니다. 조정담당판사 등은 간이감정 비용을 당사자 쌍방이 똑같이 나누어 예납할 것을 명합니다. 다만, 사정에 따라 예납할 금액의 비율을 다르게 정하거나 사실조사를 신청한 당사자 일방에게 전액을 예납할 것을 명할 수도 있습니다.[50]

---

49) 법 제19조 제1항, 조정예규(재민 2001－8) 제14조 제1항이 근거규정입니다.

50) 사실조사 비용의 예납에 관하여는 민사소송법 제116조(비용의 예납) 및 민사소송

한쪽 당사자는 전문가 조정위원의 현장 확인이나 간이감정을 희망하는데, 상대방이 그 조사비용을 예납하기가 부담된다고 말한다면 어떻게 해야 할까요? 다음의 경우라면, 일단 조정을 희망하는 당사자가 사실조사 비용을 전액 예납하고, 사실조사 후 조정기일에서 사실조사 비용 등을 참작하여 조정하는 것도 좋은 방법입니다.

① 조정이 이루어지지 않아 소송으로 복귀할 경우 감정이 불가피하고 그 감정비용이 많이 들 것으로 예상되는 경우

② 일단 현장 확인이나 간이감정이 실시될 경우 상대방도 조정할 의사가 생길 것이라고 예상되는 경우

규칙 제19조(소송비용의 예납의무자), 제20조(소송비용 예납 불이행시의 국고대납)의 규정을 준용합니다(규칙 제13조 제1항). 당사자등이 예납할 절차비용의 범위와 그 액수에 관하여는 민사소송비용법 및 민사소송비용규칙을 준용합니다(규칙 제13조 제2항). 조정위원에 의한 사실조사비용의 근거규정은 조정예규(재민 2001－8) 제16조 제2, 3항입니다.

조정은 어떻게 끝나나요

내가 스스로 조정절차를 끝내고 싶어요

조정신청 사건의 경우, 서면 또는 구술(말)에 의한 취하가 가능합니다. 소송절차와 달리 상대방인 피신청인의 동의가 필요하지 않고, 나아가 신청인이 2회 불출석한 경우 바로 조정신청을 취하한 것으로 간주합니다(법 제31조 제2항). 조정이 신속히 진행되도록 하기 위함입니다.

조정회부 사건의 경우, 구술(말)에 의한 취하가 가능한지 논란이 있으나, 조정실무상 조정기일에 원고가 구두(말)로 소취하의 의사표시를 한 때에는, 그 자리에서 취하서를 작성하게 하여 제출받거나(조정 예규 23조 2항), "소를 취하하고 상대방이 동의"하는 내용으로 조정을 성립하는 방법으로 처리하고 있습니다. 또한, 조정기일이 지정되기 전에 소 취하서가 접수된 경우에는 실무상 조정하지 아니하는 결정을 하는 경우가 많습니다.

항소심에서 조정회부하였을 경우, 조정이 성립하거나 조정을 갈음하는 결정이 확정된 때에는 규칙 제4조 제3항에 따라 소 취하로 간주되므로, 조정조항에 "항소를 취하"한다는 문구를 넣을 경우 위 규정 내용과 모순되는 문제가 생깁니다. 그러므로, 실무상으로는 항소심 조정회부 사건의 경우 "항소를 취하"한다는 문구 대신 1심 판결문을 그대로 조정조항에 기재하는 방식을 취하고 있습니다.

항소심 판결문과 항소심 조정조서의 주문이 달리 표현됨에 유의해야 합니다.

- **사례:** 원고가 100만원을 청구하였는데, 1심 판결에서 50만원만 인정하였습니다.

항소심에서 최종 70만원을 인정할 경우와 조정에서 70만원으로 합의된 경우

항소심 판결	항소심 조정조서
1. 제1심 판결 중 아래에서 지급을 명하는 원고의 패소 부분을 취소한다. 2. 피고는 원고에게 20만원을 지급하라.	피고는 2021. . . 까지 원고에게 70만원을 지급한다.

위와 같이 항소심 판결문과 항소심 조정조서 주문의 표현이 다르기 때문에, 혼란을 방지하기 위해서 "아래의 금원은 1, 2심 모두 포함하여, 피고가 원고에게 지급할 총 합계 금원입니다" 등의 부연설명을 조정조서에 기재해 두는 편이 바람직해 보입니다.

조정신청의 요건이 갖추어지지 않으면 어떻게 하나요
: 조정신청의 각하

아래의 경우 조정담당판사는 각하결정을 할 수 있습니다.

- 당사자에게 조정기일을 통지할 수 없을 때(법 제25조 제1항): 불복하지 못합니다(법 제25조 제2항).
- 당사자능력, 당사자적격이 없는 당사자 사이의 조정신청, 중복조정신청: 각하결정을 할 수 있다고 해석되나, 실무상 조정기일에서 보정을 권고하거나, 조정하지 아니하는 결정 또는 조정불성립 후 본안 회부 후 담당판사의 처리에 맡기기도 합니다.[51]

아래의 경우 조정담당판사는 각하명령을 하여야 합니다.

- 수수료 납부에 관한 보정명령을 받고도 이를 이행하지 아니한 때(법 제13조 제2항): 즉시항고가 가능합니다(법 제13조 제3항)
- 조정신청서가 송달불능임에도 신청인이 조정담당판사의 피신청인 주소 보정명령에 응하지 아니한 때(규칙 제2조 제2항 본문): 불복하지 못합니다(규칙 제2조 제3항). 다만, 공시송달에 의한 소송 진행이 가능하다고 인정되는 때에는 조정이 성립되지 아니한 것으로 사건을 종결시킬 수 있습니다(규칙 2조의 2). 이 경우에는 자동으로 소송 이행되므로, 민사소송 절차에 의해 공시송달로 최종 판결을 받을 수 있을 것입니다.

---

51) 명문의 규정은 없지만, 민사조정법 제39조에 의하여 준용되는 비송사건절차법 제17조 제1항의 재판의 하나로서 조정신청 각하결정을 할 수 있다고 해석됩니다[법원행정처, 조정실무(2002), 120].

미리 조정을 하지 아니하는 결정을 하기도 해요

조정담당판사 등은 사건이 그 성질상 조정을 하기에 적당하지 아니하다고 인정하거나 부당한 목적으로 조정의 신청을 한 것임을 인정하는 경우에는 조정을 하지 아니하는 결정으로 조정사건을 종결시킬 수 있습니다(법 26조 1항).[52] 다만, 조정회부 사건의 경우 실무에서는 조정하지 아니하는 결정보다는 조정불성립으로 처리하는 경우가 많습니다. 조정담당판사 등이 조정을 하지 아니하는 결정을 하여 사건을 종결시킬 때에는 그 조서의 등본을 당사자에게 송달하여야 하고(법 33조 제2항), 이 결정에 대하여 불복신청을 하지 못합니다(법 26조 제2항).

사건이 조정에 회부된 후 조정의사가 없다는 내용의 의견서를 제출하면서 '조정하지 아니하는 결정'을 해 달라거나, '조정기일을 취소'하고 '본안으로 회부'해 달라고 요청하는 경우가 종종 있습니다. 그러나, 조정의사가 없다는 의견의 제출만으로 '조정하지 아니하는 결정'을 하는 경우는 드물고, 조정기일에 출석하지 않더라도 조정불성립된 것으로만 처리 후 본안 재판으로 회부하는 경우가 더 많습니다. 다만, 당사자가 출석하지 않더라도 조정담당판사 등이 제출된 소송기록을 살펴본 후 '조정을 갈음하는 결정'을 할 수 있으므로(법 제30조, 제32조) 유의하여야 합니다.

---

52) 예를 들어 불법적인 목적으로 돈을 청구하거나, 고의로 소송지연 등을 목적으로 신청한 경우 등이 있습니다.

드디어 조정이 성립되었어요

앞서 '민사조정의 흐름'에서 살펴본 것처럼, 조정기일에 양 당사자 간 합의가 이루어졌다면 조정이 성립되어 조정조서를 작성하게 됩니다(임의조정). 그러나, 현실적으로 양 당사자 간에 극적으로 합의가 이루어지는 경우는 드물기 때문에, 대부분의 사건은 여러 가지 사정을 참작해서 조정담당판사 등이 조정을 갈음하는 결정을 보내고, 이에 대해 양 당사자가 받아들일지 말지 여부를 생각해 보는 시간을 가진 후, 만일 이의 신청하는 경우 다시 재판으로 복귀하는 방식으로 이루어지고 있습니다(강제조정). 아래에서 하나씩 살펴보도록 하겠습니다.

조정성립(임의조정)

조정기일에 양 당사자가 원만히 합의하여 일치된 조정안이 만들어진 경우 조정이 성립된 것입니다. 이를 실무상 "임의조정"이라고 합니다(법 28조). 다만, 조정내용은 당사자가 자유로이 처분할 수 있는 권리에 관한 것이어야 하므로,[53] 쌍방 합의하였다고 하더라도 일방 당사자에게 현저하게 불리거나 현저하게 그 타당성을 상실한 경우, 강행법규에 위배되어 위법한 경우에는 판사나 조정위원이 조정을 성립시키지 않을 수 있음에 유의하여야 합니다.[54] 이 경우 사건의 공평한 해

---

53) • 대법원 2012. 9. 13. 선고 2010다97846 판결은, 성질상 당사자가 임의로 처분할 수 없는 사항(확정판결의 효력 유무나 취소 등)을 대상으로 한 조정이나 재판상 화해는 허용되지 않는다고 하였습니다.
   • 대법원 2004. 9. 24. 선고 2004다28047 판결은, 주주총회 결의의 하자를 다투는 소에서 그 결의의 부존재, 무효를 확인하는 내용의 조정은 무효라고 하였습니다.
   • 대법원 1980. 1. 17. 자 79마44 결정은, 경락허가결정을 취소한다는 내용의 화해는 무효라고 하였습니다

54) 다만, 대법원 2014. 3. 27. 선고 2009다104960, 104977 판결은, 일단 조정이 성립되면 조정조서는 확정판결과 동일한 효력이 있어 당사자 사이에 기판력이 생기

결을 위하여 적정한 내용으로 후술하는 조정을 갈음하는 결정을 할 수 있습니다.

임의조정에 의해 조정이 성립한 경우, 착각을 하여 합의를 하였다거나, 강요에 의해 합의하였다거나 등의 이유로 조정의 효력을 다투거나 불복할 수 없습니다. 그러므로 조정 과정에서 충분히 설명을 듣고, 의문이 있으면 판사나 조정위원에게 충분히 설명을 요구하여야 하며, 꼼꼼히 조정조항을 살펴보아 추후 불이익이 없도록 해야 할 것입니다. 만일, 의문이 있는 경우에는 당일 임의조정으로 조정을 성립시키기보다는 아래에서 살펴보는 조정을 갈음하는 결정을 보내달라고 하여 숙고하는 시간을 가져보는 것이 바람직합니다.

조정은 재판상화해와 동일한 효력이 있습니다(법 제29조).55) 따라서 확정판결과 마찬가지의 효력, 즉 '기판력'과 '집행력'이 인정됩니다(법 제220조).56) 위 효력의 발생시기는 원칙적으로 조정의 성립시라고 봄이 상당합니다. 조정조서의 효력은, 판결의 경우에 준하여 원칙적으로 당사자, 참가인, 수계인, 조정성립 후의 승계인, 그들을 위하여 조정의 목적물을 소지한 자에 대하여 미칩니다.57)

고, 따라서 조정조서에 확정판결의 당연무효 등의 사유가 없는 한 설령 그 내용이 강행법규에 위반된다 할지라도 그것은 단지 조정에 하자가 있음에 지나지 아니하여 준재심절차에 의하여 구제받는 것은 별문제로 하고 조정조서를 무효라고 주장할 수는 없다고 하였습니다.

55) 대법원 2014. 3. 27. 선고 2009다104960, 104977 판결은, 조정조서의 내용이 강행법규(부동산 실권리자명의 등기에 관한 법률)에 위반된다는 이유로 조정조서의 무효를 주장할 수는 없다고 하였습니다.

56) '기판력'은 확정 판결된 사항에 대해서는 후에 다른 법원에 다시 소를 제기한다고 하더라도 이와 모순되는 판단을 할 수 없도록 구속하는 효력입니다. '집행력'은 확정 판결된 사항에 대해서 그 의무를 강제로 실현시키도록 하는 효력 또는 강제력입니다. 이를 근거로 상대방의 재산에 강제집행이 가능합니다.

57) 법원행정처, 조정실무(20020), 130.

조정조서에는 별도로 이유를 기재하지 않기 때문에, 피신청인(피고)의 주장('항변'이라고 함) 중 무엇이 조정의 대상이 되었는지가 분명하지 않는 경우가 많습니다. 따라서, 특히 상계[58]항변을 반영하여 조정조항을 정한 경우와, 반대로 항변을 별도로 하지 않아 조정조항에 반영되지 않은 경우, 항변이 있었지만 조정조항에는 반영되지 않은 경우 등은, 추후 분쟁이 발생하여 다시 소송이 제기될 수도 있습니다.[59] 따라서, 조정조항에 이를 명확히 하여야 할 것입니다. 대표적인 사례들을 살펴보겠습니다.

🏵 공사대금, 용역대금 청구 사건: 원고가 피고를 상대로 공사대금 청구를 할 경우 피고가 공사 또는 용역에 대한 하자를 주장하였으나, 조정과정에서 공사대금 일부를 지급하는 내용으로만 조정을 할 경우

---

58) 채권자와 채무자가 서로 같은 종류의 채권, 채무를 가지고 있는 경우, 그 채권과 채무를 대등하게 소멸시키는 의사표시를 말합니다. 예를 들어, 채권자가 채무자에게 100만원을 빌려주었으나, 채무자가 채권자로부터 물품대금으로 50만원을 받아야 한다면, 채무자가 채권자에게 상계 항변을 할 경우 채권자의 채권 중 50만원이 소멸합니다.

59) • 대법원 2007. 4. 26. 선고 2006다78732 판결은, 조정조서에 인정되는 확정판결과 동일한 효력은 소송물인 권리관계의 존부에 관한 판단에만 미친다고 할 것이므로, 소송절차 진행 중에 사건이 조정에 회부되어 조정이 성립한 경우 소송물 이외의 권리관계에도 조정의 효력이 미치려면 특별한 사정이 없는 한 그 권리관계가 조정조항에 특정되거나 조정조서 중 청구의 표시 다음에 부가적으로 기재됨으로써 조정조서의 기재내용에 의하여 소송물인 권리관계가 되었다고 인정할 수 있어야 한다고 판시하였습니다.
• 특히, 대법원 2013. 3. 28. 선고 2011다3329 판결은, 상계의 항변이 있었으나 소송절차 진행 중 조정이 성립됨으로써 수동채권의 존재에 관한 법원의 실질적인 판단이 이루어지지 않은 경우, 상계항변의 사법상 효과가 발생하는지 여부에 대하여, 조정이 성립되어 수동채권에 관한 법원의 실질적인 판단이 이루어지지 아니한 이상 상계항변은 사법상 효과가 발생하지 않고, 또 피고가 상계항변으로 주장한 채권은 소송물이 아니었을 뿐만 아니라 조정조서의 조정조항에 특정되거나 청구의 표시 다음에 부가적으로 기재되지도 아니하였으므로 조정조서의

⇨ 하자보수 금액을 감안해서 공사대금을 감액한 것이므로, 피고는 원고에 대해 하자보수청구, 손해배상청구 등 일체의 청구를 포기한다는 내용을 포함시키는 것이 바람직합니다.

🐑 임대차 관련 분쟁 사건: 임대인인 원고가 임차인인 피고에게 차임 연체 시점 이후부터 건물 인도완료일까지 차임을 청구한 경우, 연체 차임과 보증금을 정산한 후, 보증금 일부를 지급함과 동시에 건물을 인도받기로 한 경우
⇨ 원고가 지급할 돈이 보증금에서 연체차임을 공제한 돈이라는 점을 명시하고, 추후 서로 보증금과 연체차임 등 임대차관계에 기한 일체의 청구를 하지 않는다는 등의 청산조항을 두는 것이 바람직합니다.

🐑 더 자세한 분쟁 사례별 조정조항은 후술하는 "조정조항으로 보는 조정 전략(skill)" 편을 참고해 주세요!

이렇게 어렵게 조정이 성립되었는데, 나중에 살펴보니 조정조서에 잘못된 내용이 있는 걸 발견했다면 어떻게 해야 할까요? 앞서 살펴본 바와 같이, 조정조서는 확정판결과 같은 효력이 있으므로, 원칙적으로 불복할 수 없습니다.

그러나, 사소한 표현이나 계산의 오류 등이 있을 경우에는, '경정'을 신청할 수 있습니다.[60] 조정담당판사 등이 스스로 잘못을 발견하고 직

효력이 그에 미치지 않는다고 판단하였음에 유의하여야 할 것입니다.
60) 민사조정법이나 민사조정규칙 등에 조정조서의 경정에 관한 명문의 규정은 없으나 조정조서에도 판결의 경정에 준하여 잘못된 계산이나 기재, 그 밖에 이와 비슷한 잘못이 있음이 분명한 때에는 그 경정이 허용된다고 해석됩니다.
• 대법원 2012. 2. 10. 자 2011마2177 결정은, 법원이 토지의 공유물분할에 관한 조정조서에 측량, 수로조사 및 지적에 관한 법률의 규정에 반하여 제곱미터 미만의 단수를 표시하여 위치와 면적을 기재함으로써 조정조서 집행이 곤란해진 경우, 당사자 일방이 그 소유로 될 토지의 지적에 표시된 제곱미터 미만의 단

권으로 경정할 수도 있습니다. 경정으로 조정조항의 실질적 내용을 변경할 수는 없습니다. 그러나, 가끔 조정 후 집행단계에서 문제되어(예컨대, 등기소에 조정조서를 가져갔는데 문구 때문에 등기가 안된다는 등의 사정) 집행이 가능하도록 문구를 변경해 달라는 취지로 경정신청이 들어오는 경우가 있습니다. 조정 실무상으로는 이러한 경정신청에 대해서도 경정 사유에 해당되지 않는다는 이유로 일률적으로 배척하지는 않고, 상대방 당사자를 소환하여 심문하고 이의가 없을 경우에는 경정결정을 하도록 하고 있습니다.[61]

판례에서 경정을 인정한 사유: 당사자의 표시에 주소누락, 판결서 말미에 별지목록의 누락, 목적물의 표시에 있어서 번지의 호수누락, 건물건평·토지면적의 잘못 표시, 지적법상 허용되지 않는 ㎡ 미만의 단수를 그대로 둔 경우, 호프만식 계산법에 의한 손해금의 계산 등 계산 착오, 판결주문 중 등기원인 일자의 잘못 등[62]

또한, 조정조서에 대하여는 예외적으로 다음과 같은 방법으로 불복할 수 있으나, 분쟁의 종국적 해결이라는 조정의 취지에 비추어 매우 제한적으로 받아들여지고 있으므로 유의하여야 할 것입니다.

수를 표기하여 조정조서 집행을 가능하게 하는 취지로 신청한 조정조서 경정을 허가하였고, 조정성립 후 조정조서에 기해 도해지역에 있는 토지의 공유물분할 신청을 하였으나 조정조서에 첨부된 도면이 대한지적공사에서 측량한 측량성과도가 아니라는 이유로 수리가 거부되어 조정조서 집행이 곤란해진 경우, 당사자 일방이 대한지적공사에 위 도면과 같은 내용으로 지적현황측량을 의뢰하여 그 측량성과도로 별지 도면을 작성한 후 신청한 조정조서 경정을 허가하였습니다.

61) 법원행정처, 조정실무(2002), 132.
62) 이시윤, 신민사소송법(제17판), 박영사(2024) 651.

⚜ **준재심의 소:** 조정조서는 확정판결과 동일한 효력이 있는데, 확정판결에 대해서는 재심으로만 다툴 수 있으므로, 조정조서의 경우에도 재심 사유와 동일한 준재심(민사소송법 제461조)의 방법으로만 다툴 수 있을 뿐입니다.[63] 그러나, 확정판결과 달리 조정의 경우 법률적 판단 이외에도 여러 사정을 모두 참작하여 하는 것이고, 별도로 이유가 기재되어 있지 않은 경우가 대부분이므로, 판결에 비해 준재심의 사유가 엄격하게 해석됨에 유의하여야 합니다(대법원 2005. 6. 24. 선고 2003다55936 판결 참조).

⚜ **기일지정신청:** 조정조서에 확정판결의 당연무효사유[64]와 같은 사유가 있으면, 준재심(민사소송법 제461조)의 소에 의하지 않고도, 기일지정신청을 하여 그 효력을 다툴 수 있습니다.[65] 기일지정신청을 하여 조정기일을 진행한 후 당연무효 사유가 있다고 인정될 경우 조정종료선언을 할 수 있을 것입니다.

---

63) 민사소송법 제451조는 재심 사유를 아래와 같이 정하고 있습니다.

① 다음 각호 가운데 어느 하나에 해당하면 확정된 종국판결에 대하여 재심의 소를 제기할 수 있다. 다만, 당사자가 상소에 의하여 그 사유를 주장하였거나, 이를 알고도 주장하지 아니한 때에는 그러하지 아니하다.

1. 법률에 따라 판결법원을 구성하지 아니한 때
2. 법률상 그 재판에 관여할 수 없는 법관이 관여한 때
3. 법정대리권, 소송대리권 또는 대리인이 소송행위를 하는 데에 필요한 권한의 수여에 흠이 있는 때. 다만, 제60조 또는 제97조의 규정에 따라 추인한 때에는 그러하지 아니하다.
4. 재판에 관여한 법관이 그 사건에 관하여 직무에 관한 죄를 범한 때
5. 형사상 처벌을 받을 다른 사람의 행위로 말미암아 자백을 하였거나 판결에 영향을 미칠 공격 또는 방어방법의 제출에 방해를 받은 때
6. 판결의 증거가 된 문서, 그 밖의 물건이 위조되거나 변조된 것인 때
7. 증인, 감정인, 통역인의 거짓 진술 또는 당사자 신문에 따른 당사자나 법정대리인의 거짓 진술이 판결의 증거가 된 때
8. 판결의 기초가 된 민사나 형사의 판결, 그 밖의 재판 또는 행정처분이 다른 재판이나 행정처분에 따라 바뀐 때
9. 판결에 영향을 미칠 중요한 사항에 관하여 판단을 누락한 때
10. 재심을 제기할 판결이 전에 선고한 확정판결에 어긋나는 때

조정을 갈음하는 결정(강제조정)

조정담당판사 등은 합의가 성립되지 아니한 사건 또는 당사자 사이에 성립된 합의의 내용이 적당하지 아니하다고 인정한 사건에 관하여, 직권으로 당사자의 이익이나 그 밖의 모든 사정을 고려하여 신청인의 신청 취지에 반하지 아니하는 한도에서 사건의 공평한 해결을 위한 결정을 할 수 있습니다(법 제30조). 피신청인이 조정기일에 출석하지 아니한 경우에도 조정담당판사 등은 상당하다고 인정하는 때에는 직권으로 위 결정을 할 수 있습니다(법 제32조). 조정기일에 조정에 갈음하는 결정을 할 수도 있고('즉일결정' 또는 '기일내결정'), 조정기일 외에서도 결정을 할 수 있습니다('추후결정' 또는 '기일외결정').

이를 실무상 "강제조정"이라고 부릅니다. 그러나, 앞서 살펴본 민사조정법 개정 취지에 의하면, 이제는 "강제"라는 이름표를 떼는 것도 고려해 보아야 할 것 같습니다. 개인적인 생각으로는 재판절차에서 판사가 "화해권고결정"을 하는 것을 참고해서, "조정권고결정"이라고 부르

---

11. 당사자가 상대방의 주소 또는 거소를 알고 있었음에도 있는 곳을 잘 모른다고 하거나 주소나 거소를 거짓으로 하여 소를 제기한 때

② 제1항 제4호 내지 제7호의 경우에는 처벌받을 행위에 대하여 유죄의 판결이나 과태료 부과의 재판이 확정된 때 또는 증거부족 외의 이유로 유죄의 확정판결이나 과태료 부과의 확정재판을 할 수 없을 때에만 재심의 소를 제기할 수 있다.

64) 예컨대, 국내재판권에 복종하지 않는 치외법권자에 대한 판결, 사망자를 당사자로 한 판결, 당사자적격이 없는 자가 받은 판결, 일방이 사망한 부부에 대한 이혼판결, 소의 취하 후에 행한 판결 등[이시윤, 신민사소송법(제17판), 박영사(2024), 708].

65) 당사자 일방이 화해조서의 당연무효 사유를 주장하며 기일지정신청을 한 때에는 법원으로서는 그 무효사유의 존재여부를 가리기 위한 기일을 지정하여 심리를 한 후 무효사유가 인정되지 아니하면 판결로써 소송종료선언을 하여야 합니다. 이와 같은 구조는 재판상 화해와 동일한 효력이 있는 조정조서와 조정을 갈음하는 결정에 대하여도 마찬가지라고 해석됩니다[대법원 2001. 3. 9. 선고 2000다58668 판결, 대법원 2007. 11. 30. 자 2007마1225 결정 참조].

는 것은 어떨까 합니다.[66]

　조정참가인에 대하여도, 당사자에 준해서 조정을 갈음하는 결정을 할 수 있다고 보고 있습니다. 조정기일에 출석한 조정참가인뿐 아니라, 조정참가인이 조정기일에 불출석한 경우에도 조정을 갈음하는 결정이 가능합니다.

조정하고 싶은 마음은 있는데, 상대방이 원수(?) 같아서 조정실에서 마주하고 싶지 않거나, 요즘 같은 코로나19 사태 등 여러 가지 사정으로 대면 조정이 꺼려질 경우가 있습니다. 이때는 조정기일 전 서면으로 본인이 희망하는 조정안이나 참고자료들을 미리 제출하고, 조정을 갈음하는 결정을 해 달라고 요청하는 것도 좋은 방법입니다. 필요에 따라서는, 조정기일 진행 전이라도 법원에서 기일 외 조정을 갈음하는 결정을 할 수도 있습니다.

---

66) 민사조정법 일부개정법률안(정성호의원 대표발의) 내용을 살펴보면, 민사조정법 제30조의 제목 "조정을 갈음하는 결정"을 "조정권고결정"으로 하는 내용이 포함되어 있었으나, 실제로는 반영되지 않은 채 개정이 이루어진 것으로 보입니다.

조정을 갈음하는 결정에는 조정조서와 같이 대부분 이유를 기재하지 아니합니다. 그러나, 당사자나 소송대리인의 요청 등 필요에 따라 간략히 조정이유를 기재하기도 합니다. 특히, 조정조항만으로 추후 다툼의 소지가 있을 경우나, 당사자가 출석하지 않은 경우에는 간략한 이유 기재가 도움이 될 것입니다.

조정을 갈음하는 결정에는 통상 원고의 소장이나 신청인의 조정신청서가 첨부되어 있습니다. 이것을 보고, 원고나 신청인의 주장내용을 다 인정한 것이 아니냐고 오해하시는 분들이 계십니다.

신청(청구)취지 및 신청(청구)원인
별지 조정신청서(소장) 해당란 기재와 같다.

그러나, 원고의 소장이나 신청인의 조정신청서를 첨부하는 것은, 원고나 신청인의 청구 내지 신청 내용과 비교하여, 결국 어떠한 내용으로 조정되었는지를 명확히 하기 위한 것이지, 그 내용대로 인정한 것이 아닙니다. 즉, 조정조항에는 통상 "신청인(원고)은 나머지 청구를 포기한다"는 조항이 들어가는데, 첨부되어 있는 신청(청구) 내용 중 조정조항에 들어있는 내용 외에는 모두 포기한다는 뜻임을 기억하세요.

조정을 갈음하는 결정서 및 결정조서 정본을 발송송달[67]하는 것은

---

67) 발송송달이란 본인에게 송달이 불가능한 경우, 당사자 등이 송달장소의 변경신고 의무를 이행하지 아니하고 기록에 현출된 자료만으로 '달리 송달장소를 알 수 없는 경우' 등 두 가지 중 하나에 해당할 때 하는 송달입니다. 법원사무관 등이 소송서류를 송달장소 또는 종전에 송달받던 장소에 등기우편의 방법으로 발송하면 되는 송

허용되지 않습니다(조정성립조서를 제외하고는 발송송달을 할 수 없도록 한 법 제38조 제2항 참조).68) 당사자 쌍방 또는 일방에게 조정을 갈음하는 결정서 및 결정조서 정본을 송달할 수 없는 때에는 조정담당판사가 직권 또는 당사자의 신청에 의하여 조정을 갈음하는 결정을 취소하고, 민사조정법 제27조의 규정에 의하여 조정의 불성립으로 사건을 종결하여야 합니다(규칙 제15조의 2 4항, 제18조 제1항).

조정기일에서 어렵게 합의하여 조정을 갈음하는 결정을 송달받기로 했는데, 주소지를 잘못 신고하여 송달되지 않는다거나, 주소는 맞으나 생업에 종사하느라 바빠 미처 결정문을 송달받지 못하면 어떻게 될까요? 결국 송달불능이 되어 조정을 갈음하는 결정은 취소되고, 사건은 다시 재판절차로 회부되어 버립니다.

그러므로, 조정실을 떠나기 전 미리 송달받을 수 있는 주소를 제대로 신고하거나, 본인 대신 송달받을 수 있는 송달영수인을 신고하여 두는 것을 잊지 마세요! 만일, 조정실에서 정신이 없어 깜박했다고 하더라도, 전자소송 사이트나 법원 민원실에서 "주소변경신고" 및 "송달장소 및 송달영수인 신고"를 할 수 있습니다.

조정을 갈음하는 결정에 대하여 당사자는 그 조서 또는 결정서의 정본이 송달된 날부터 2주일 이내에 이의를 신청할 수 있습니다(법 제34조

달로서, 그 발송시에 송달된 것으로 보는 송달방법입니다(민사소송법 제189조).

68) 조정을 갈음하는 결정서 정본 이외의 서류(예컨대 민사조정법 제25조·민사조정규칙 제2조의 2의 규정에 의한 조정신청각하결정·명령서, 민사조정법 제26조의 규정에 의한 조정을 하지 아니하는 결정서, 민사조정규칙 제16조의 규정에 의한 이의신청각하결정서 등) 송달과 당사자에 대한 조정기일의 통지에 대하여는 등기우편에 의한 발송송달이 가능하다고 해석하는 것이 상당할 것입니다(민사조정절차에 관련된 여러 의문점에 대한 검토의견(재민 95−1) 재판예규 제1525호, 11).

제1항 본문, 규칙 제15조의 2 제3항).

조정실에서 상대방의 제안이나 조정위원이 제시하는 조정안에 대하여 받아들일지 말지 바로 결심하기 어려운 경우가 많습니다. 주변의 가족이나 친구, 그리고 소송을 도와주는 전문가와 상의해 보고 싶은 마음이 굴뚝같습니다. 이럴 때는 바로 결심을 하지 않아도 됩니다. 조정을 갈음하는 결정으로 보내 달라고 하면, 결정문이 송달되는데 약 1~2주 정도 시간이 걸리고, 송달받은 날로부터 이의신청 기한이 2주 소요되므로, 약 1달 정도 생각해 볼 시간이 주어지기 때문입니다. 그러므로, 일단 희망하는 조정안을 이야기하고 조정위원에게 '조정을 갈음하는 결정'을 보내달라고 한 후, 주변 사람들과 상의해 보고 이의신청 여부를 결정하면 됩니다.

만일, '조정을 갈음하는 결정'을 바로 받기 보다는 좀 더 정확한 조정안을 제시하거나, 유리한 자료를 제출한 후 결정을 받기를 원한다면, 조정위원에게 조정기일을 속행해 달라고 하거나, 참고자료를 제출할 시간을 달라고 요청할 수 있을 것입니다.

조정을 갈음하는 결정에 대한 이의신청기간은 불변기간임에 유의하여야 합니다(법 제34조 제5항).[69] 다만, 조서정본의 송달 전에도 이의를 신청할 수 있습니다(법 제34조 제1항 단서). 만일, 신청인이 피신청인의 주소를 허위로 기재하여 서류들을 송달되게 한 뒤 피신청인이 불출석한 채 조정을 갈음하는 결정이 송달되고, 이의신청기간이 도과되어 확정되어 버린 경우 어떻게 할까요? 이때는 실무상 이의신청을 할 수 있다고 해석하고 있습니다.[70]

불변기간은 법원이 그 기간을 늘이거나 신축을 할 수 없고(민사소송법 제172조 제1항), 책임에 돌릴 수 없는 사유로 그 기간이 도과되었을 때만 추후보완이 허용됩니다(민사소송법 제173조).

기간의 기산은 오전 0시로 시작하지 않는 한 초일불산입의 원칙에 의합니다(민법 제157조). **전자소송 홈페이지를 통해 전자문서를 송달받는 경우**, 0시 송달이 되는 경우가 종종 있으므로 초일이 산입되어 생각하는 날짜보다 하루 전에 이의신청 기간이 지날 수 있음을 반드시 명심해야 할 것입니다!

기간의 말일이 토, 일요일, 공휴일에 해당한 때에는 기간은 다음날 만료됩니다(민법 제161조). 위 공휴일에는 임시공휴일, 신정의 공휴일도 포함됩니다.

만일, 조정을 갈음하는 결정을 송달받고, 송달받은 날로부터 2주 이내에 양 쪽 모두 이의신청을 하지 않아 조정을 갈음하는 결정이 확정된 경우에

---

[69] '불변기간'이란 법원이 그 기간을 늘이거나 신축을 할 수 없는 확정된 기간입니다(민사소송법 제172조 제1항),

[70] 대법원판례가 이 경우 판결에 대해서는 항소할 수 있도록 해석하는 것을 고려하면(항소설), 조정의 경우에도 당사자가 준재심 청구를 한 경우에도 이를 취하하도록 하고 이의신청을 하도록 할 수 있을 것입니다[법원행정처 발행, 조정실무(2002), 141 참조].

는 재판상의 화해와 동일한 효력이 있습니다(법 제34조 제4항). 확정된 조정을 갈음하는 결정이 갖는 기판력의 범위, 조정을 갈음하는 결정에 대한 경정신청, 불복방법 등은 앞에서 이미 설명한 조정조서와 같습니다.

조정을 갈음하는 결정에 대해 이의신청하면, 사건이 즉시 민사소송으로 이행하거나(조정신청의 경우), 민사소송으로 복귀합니다(조정회부의 경우). 그런데. 이의신청은 했지만, 막바로 재판을 하기 보다는 일부 내용만 바꾸어 다시 조정하고 싶다면 어떻게 할까요? 이 경우에는 자신이 희망하는 조정내용을 의견서 등에 써서 법원에 제출하면 좋겠습니다. 만일, 사건이 이미 민사소송으로 이행 또는 복귀하였다고 하더라도, 본안 재판부에서 의견서를 참고하여 다시 강제조정 또는 화해권고를 할 가능성이 높습니다. 또한, 법원에 따라서는 사건의 기록을 본안 재판부에 송부하기 전에 이러한 의견서가 제출되는 경우, 상대방의 동의가 있음을 전제로 다시 조정하는 취지의 조정을 갈음하는 결정을 하는 경우도 있습니다.

그러나 조정을 갈음하는 결정에 대해 한 쪽이라도 이의신청을 한 경우에는, 조정을 갈음하는 결정은 확정되지 아니하고, 효력을 잃습니다. 기간 내에 이의신청이 있는 때에는 조정담당판사는 이의신청의 상대방에게 이를 지체 없이 통지하여야 합니다(법 제34조 제2항).

원고들 중 1인이 이의하거나, 피고들 중 1인이 이의한 경우, 원칙적으로는 이의신청하지 않은 당사자 사이에서는 결정이 확정되고, 이의신청한 당사자들 사이에서는 확정되지 않은 채 소송으로 복귀하게 될 것입니다. 다만, "어느 1인이라도 이의할 경우 이 결정은 실효된다"는 내용이 있어 결정 자체에서 분리 확정을 불허하고 있는 경우나, 사건의 성질상 분리확정이 형평에 반하는 경우 등에 있어서는 전체 당사자 모

두 소송으로 복귀한다고 보아야 할 것입니다.[71]

　조정절차에 참가한 이해관계인은 물론, 조정을 갈음하는 결정이 확정되는 경우에 그 효력을 받게 되는 수계인이나 승계인도 이의신청을 할 수 있다고 볼 것입니다.

이해관계인의 이의신청

- **조정참가인:** 당사자에 준하여 이의신청을 할 수 있습니다. 만일, 조정참가인만 이의신청한 경우, 조정참가인과 상대방 사이에 대하여만 결정사항이 분리가 가능한 것이면 그 부분에 대하여 효력을 잃고, 만일 조정참가인 부분이 실효되면 나머지 부분만으로 그 목적을 달성할 수 없는 경우에는 전부 무효가 된다고 보아야 할 것입니다.[72]
- **보조참가인:** 보조참가인도 피참가인의 이의신청 기간 내에 피참가인을 위해 이의신청을 할 수 있습니다. 이 경우 피참가인의 의사에 반하지 않는 이의신청에 대하여는 그 결정 전부가 실효될 것입니다.[73] 참고로, 민사소송에서 보조참가인의 지위에 있던 자를 조정 단계에서는 조정참가인으로 참가시켜 조정을 갈음하는 결정을 할 수도 있을 것입니다.
- **독립당사자참가인:** 독립당사자참가에 의한 소송에서 원·피고 사이에만 재판상 화해를 하는 것은 허용되지 않으며, 독립당사자참가인이 이의신청한 경우에는 어느 경우이든 이의의 효력이 원·피고 사이에도 미친다고 보아야 할 것입니다.[74]

---

71) 대법원 2008. 7. 10. 선고 2006다57872 판결은, 민사소송법 제70조 예비적, 선택적 공동소송에서 조정을 갈음하는 결정에 대하여 일부 공동소송인이 이의하지 아니한 경우, 주위적 청구에 대한 판단이유가 예비적 청구에 대한 판단이유에 영향을 줌으로써 각 청구에 대한 판단과정이 필연적으로 상호 결합되어 있는 관계에 있어 결정이 모두에 대해 확정하지 않고 소송으로 복귀해야 한다는 취지로 판시했습니다.
72) 법원행정처, 조정실무(2002), 68−69. 참고로 조정을 갈음하는 결정을 조정참가

조정담당판사는 이의신청이 적법하지 아니하다고 인정하는 때(예컨대, 이의신청 기한을 도과한 경우)에는 결정으로 이의신청을 각하하여야 하고, 이의신청이 적법하지 아니함에도 조정담당판사가 이를 각하하지 아니한 때에는 소송으로 복귀한 후 담당 재판부가 결정으로 이를 각하합니다(규칙 제16조 제1항). 이 각하결정에 대해서는 즉시항고를 할 수 있고(동조 2항), 이 즉시항고는 집행정지의 효력이 있습니다(동조 제3항).

한편, 이의신청을 한 당사자는 해당 심급의 판결 선고시 까지 상대방의 동의를 얻어 이의신청을 취하할 수 있습니다. 만일, 상대방의 동의가 없는 이의취하서가 접수된 경우, 상대방에게 그 취하서를 송달하여 이의 여부를 확인하고 있습니다(조정 예규 제26조). 이의취하는 서면으로 하여야 하고, 상대방에게 이의취하서가 송달된 날부터 2주 이내에서 상대방이 이의를 제기하지 아니한 경우 이의취하에 동의한 것으로 봅니다(민사소송법 제266조 제3항부터 제6항까지의 규정을 준용하는 법 제34조 제3항). 이의신청이 취하된 경우에는 이의신청기간 만료일을 조정을 갈음하는 결정의 확정일로 봅니다.

이의신청권의 포기가 허용되는지에 관하여는 견해가 나뉠 수 있으나 긍정하여도 무방할 것입니다.[75]

인에게 송달하지 않은 경우의 조정참가인이 이의신청권을 가지는지, 만일 이의신청권을 가진다면 그 효력범위는 어떠한지에 대하여 논란이 있으나, 현재 조정실무상 조정을 갈음하는 결정을 할 경우 조정참가인에게도 결정을 송달하고 있으므로 이에 대한 자세한 논의는 본 책에서는 생략하도록 하겠습니다. 자세한 내용은 위 조정실무 해당면을 참고하시기 바랍니다.

73) 소송절차에서 보조참가인에게 판결정본을 따로 송달하고, 피참가인의 상소기간 내에 피참가인이 상소하고 있지 않을 때라도 피참가인을 위한 상소를 할 수 있다고 보므로, 이를 유추해석할 수 있을 것입니다[법원행정처, 조정실무(2002), 69-70 참조].

74) 독립당사자참가인이 화해권고결정에 대해 이의한 경우, 이의의 효력이 원·피고 사이에도 미친다고 하였기 때문입니다(대법원 2005. 5. 26. 선고 2004다25901 판결).

75) 화해권고결정에 대한 이의신청권의 포기에 대해서는 민사소송법 제229조가 이를 인정하여 그 절차를 규정하고 있기 때문에 이를 유추적용할 수 있을 것입니다[법

만약, 내심 조정을 갈음하는 결정 내용에 승복할 마음이 있었지만, 자금이 준비되지 않았다는 등의 사정으로 이의신청을 했다면, 이의신청해놓고 나중에 취하하는 것도 가능할 것입니다. 미리 상대방의 동의를 받아 이의신청 취하서를 제출하면 좋겠지만, 일방적으로 취하서를 제출하여도, 상대방이 부동의서를 제출하지 않는 한 이의가 취하된 것으로 처리될 것입니다.
본인이 희망하는 내용대로 조정이 성립되었고, 상대방이 추후에 말을 번복하지 않도록 하고 싶다면, 아예 조정실에서 이의신청권을 포기한다는 문구를 포함하여 상대방의 서명을 받아두는 편이 좋을 것입니다.[76]

조정이 불성립되었어요

조정담당판사 등은 당사자 사이에 합의가 성립되지 아니하거나 조정을 갈음하는 결정을 하지 아니할 때에는 조정이 성립되지 아니한 것으로 사건을 종결시켜야 합니다(법 제27조). 조정불성립으로 처리한 경우 조정담당판사는 당사자에게 그 내용을 고지하고, 법원사무관등은 조정이 성립되지 아니한 사유를 기재한 조서의 등본을 송달하여야 합니다(법 제33조 제2항). 이러한 조정불성립 처리에 대하여 당사자는 불복신청을 할 수 없습니다.

원행정처, 조정실무(2002), 144 참조].

76) 다만, 조정실에서 이의포기 내용이 포함된 합의서에 서명을 한 후, 그 내용대로 조정을 갈음하는 결정을 했는데도, 상대방이 이의신청한 경우, 법원의 처리방안에 대해서는 아직 확정된 대법원 판례가 없어 논란의 소지가 있습니다. 이의신청해서 소송복귀되었더라도, 적어도 당사자 간 민법상 화해계약의 효력은 인정될 수 있으므로, 수소법원이 그 합의내용대로 판단하고 처리해야 한다는 취지의 서울중앙지방법원 2015. 1. 14. 선고 2014나24647 판결, 서울중앙지방법원 2014. 7. 3. 선고 2013가단156300 판결 등 하급심 판결례가 있습니다.

조정을 희망하지 않는데도, 법원에서 직권으로 조정에 회부하였다면, 조정실에 출석해야 하는 것 자체가 싫고 부담스러울 수 있습니다. 어차피 조정이 될 가능성이 없는데 조정절차에서 수개월을 보내는 것이 시간 낭비인 것 같다고 말하시는 분들도 계십니다.

그러나, 조정이 불성립되는 경우 조정 실무상 조정위원이 담당판사에게 간단한 조정경과를 보고하고 있으므로, 조정기회를 활용하여 조정을 할 수 없는 사정이나 지금 당장은 조정하기 어렵지만 향후 특정 시점에 자금이 확보되면 조정이 가능하다는 사정 등을 전달해 볼 수도 있습니다.

만일, 조정의사가 전혀 없다고 하더라도, 조정위원과 함께 상대방과 사건에 대해 의논하는 과정에서 상대방의 약점과 강점을 파악할 수 있고, 향후 소송전략을 재정비하는 기회로 삼는다면, 추후 민사소송을 진행하는 데도 도움이 될 수 있을 것입니다.

조정비용의 부담

조정절차의 비용은 조정이 성립된 경우에는 특별한 합의가 없으면 당사자들이 각자 부담하고, 조정이 성립되지 아니한 경우에는 신청인이 부담합니다(법 제37조 제1항). 조정신청이 소송으로 이행되었을 때에는 조정비용은 소송비용의 일부로 봅니다. 반대로, 소송사건이 조정에 회부된 후 조정이 성립하거나 조정을 갈음하는 결정이 확정된 때에는 소송비용은 조정비용의 일부로 봅니다.

보통 조정을 할 때 소송비용과 조정비용은 각자 부담하는 것으로 합니다. 그러나, 상대방 때문에 억지로 소송이나 조정을 하게 되어 소송비용이나 조정비용이 들어갔는데도, 비용을 각자 부담하는 것은 너무 억울하다고 생각하시는 분들도 있습니다. 이 경우 미리 조정실에서 소송비용이나 조정비용을 감안하여 조정금액을 정해달라고 요청하면 좋을 것입니다. 이때 소송비용에 관련 가압류, 가처분 신청비용이나 강제집행비용 등이 자동으로 포함된다고 해석하지는 않으므로 유의하여야 할 것입니다.

조정이 끝난 후 어떻게 되나요

스스로 약속을 지켜요

조정이 성립되거나(임의조정), 조정을 갈음하는 결정(강제조정)에 대해 이의신청을 하지 않아 결정이 확정된 경우, 당사자는 조정조항에 따라 자발적으로 이행을 하면 됩니다. 다만, 부동산 등기 이전과 같이 권리변동의 효력 발생에 별개의 절차가 필요한 경우에는 조정이 성립되었다는 사정만으로 제3자에 대해 그 효력을 주장할 수는 없으므로 유의하여야 할 것입니다.77)

만일, 조정 조서나 조정을 갈음하는 결정 조항에 법원에 소송계속 중인 다른 소송을 취하하기로 하는 내용이 있는데, 이를 이행하지 아니할 경우, 그 다른 소송이 자동으로 취하되지는 않으나, 특별한 사정이 없는 한 그 다른 소송의 원고에게는 권리보호의 이익이 없게 되어 그 소는 각하되어야 할 것입니다.78)

한편, 조정조항에서 "최대한 노력하겠습니다"는 등의 도의적 문구가 포함되어 있을 경우, 특별한 사정이 없는 한 그러한 의무를 법적인 의

---

77) 대법원 2013. 11. 21. 선고 2011두1917 판결에서는, 공유물분할소송에서 조정이 성립되었으나 등기되지 않고 있던 사안에서, 조정이 성립되어도 등기 없이는 물권변동이 발생하지 않으며, 조정은 공유지분권자들 사이에 서로 지분권을 이전하기로 약정한 것에 불과하므로, 등기 전 소유관계를 기초로 부과한 과세처분은 효력이 있다고 보았습니다.

78) 대법원 2005. 6. 10. 선고 2005다14861 판결은, 재판상 화해에 대하여, 대법원 2014. 5. 29. 선고 2014다4200 판결은, 조정조서에 대하여, 법원에 계속 중인 다른 소송을 취하하기로 하는 내용의 화해조서가 작성된 경우, 같은 취지로 판시하고 있습니다.

무로 부담할 수는 없지만 사정이 허락하는 한 그 이행을 사실상 하겠다는 취지로 해석함이 상당합니다.[79)]

그런데, 여전히 조정이 성립되었더라도 여러 가지 이유로 자발적인 이행을 하지 않는 경우도 있을 수 있습니다. 이 경우 조정조항에서 정한 이의를 이행하지 아니하였음을 이유로 조정의 무효 또는 해제를 주장할 수 있을까요? 이러한 이유만으로 무효나 해제를 주장할 수는 없습니다(대법원 2012. 4. 12. 선고 2011다109357 판결). 다음에서 살펴보는 바와 같이, 확정판결을 받은 경우와 같이 강제집행에 의해 이행을 확보하여야 할 것입니다.

약속을 지키지 않으면 강제로 집행할 수 있어요

앞서 살펴본 바와 같이, 조정이 성립된 경우(임의조정) 및 조정을 갈음하는 결정이 확정된 경우(강제조정)에는 재판상화해와 동일한 효력이 있기 때문에 확정판결과 마찬가지의 기판력과 집행력이 인정됩니다(민사소송법 제220조). 그러므로, 만일 상대방이 자발적으로 조정조항의 내용을 이행하지 않을 경우, 법원에서 집행문을 발급받아 상대방에 대해 강제집행을 할 수 있습니다.

다만, 다음 사례와 같이 명확하지 않은 조정조항 때문에 집행이 불가능한 경우가 생길 수 있으므로 조정조항 작성 단계부터 집행이 가능할지를 미리 생각하여 조정이 성립되도록 유의하여야 합니다. 법률전문가인 변호사 등 소송대리인과 상의하여 조정문구를 작성하는 것이 좋을 것입니다. 사정이 여의치 않을 경우, 조정위원에게 추후 집행 가능한 조항을 제출하겠다고 하고, 그 이후에 조정을 갈음하는 결정을 보내달라고 요청할 수도 있습니다.

---

79) 대법원 1994. 3. 25. 선고 93다32668 판결.

🐝 사례1: 피고는 원고로부터 0년 0월 0일까지 00금형에 대한 하자보수를 완성받음과 동시에 원고에게 00원을 지급한다는 내용으로 조정이 이루어졌으나, 하자보수의 내용이 특정되지 아니하여 강제집행을 할 수 없다는 이유로 원고가 다시 소를 제기한 사례
  - 우리 대법원은 하자의 범위와 정도가 특정되었다고 볼 수 없고, 하자보수의 완성 여부에 대한 객관적인 명백한 기준도 없다고 할 것이므로 강제집행이 불가능하여 다시 소를 제기할 이익이 있다고 하였습니다(대법원 1995. 5. 12. 선고 94다25216호 판결).

🐝 사례2: 부동산의 일부에 대한 임대차 사건에서 부동산을 인도하는 내용으로 조정하였으나, 부동산이 특정되지 않은 상태로 조정조항이 작성된 경우
  - 부동산이 특정되지 않아 인도 집행이 불가능하므로, 청구취지나 신청취지에 첨부되어 있는 별지나 도면 등을 반드시 첨부하여야 할 것입니다.

돈을 지급하는 내용으로 조정할 경우 집행 과정에서 큰 문제가 발생할 소지가 적으나, 부동산 등기이전이나 분할 등의 경우 사정에 의해 집행과정에서 문제가 발생할 수도 있습니다. 그러므로 조정 전에 미리 부동산 등기부를 열람하여 집행이 불가능한 사정이 없는지 확인해야 하고 이를 판사나 조정위원에게 미리 제출하여야 할 것입니다. 또한, 땅을 분할하여 매매하거나 인도하기로 하는 경우에는, 조정 전에 미리 땅을 분할할 수 있는지 알아보아야 합니다. 현재 한국국토정보공사의 분할측량 결과에 의하여만 분할등기 집행이 가능하므로 반드시 한국국토정보공사로부터 분할측량을 받아 그 결과를 제출하여 조정조서 등에 첨부될 수 있도록 해야 합니다.

또한, 제1심에서 가집행 선고부 승소 판결을 받아 그 판결에 기해 강제경매를 신청한 다음, 항소심에서 조정 내지 화해가 성립한 경우, 우리 대법원은 조정이 성립하였다는 사정만으로 가집행이 취소되는 사유에 해당할 수 없다고 판단하였습니다.[80] 그러므로 만일 1심 판결에 기해 이미 집행이 개시된 경우에는 조정과정에서 이를 반드시 판사나 조정위원에게 고지해서, 이미 집행된 부분이나 집행이 진행되고 있는 부분을 감안하여 조정이 이루어질 수 있도록 하여야 할 것입니다.[81]

소송으로 돌아가요

---

80) 대법원 2011. 11. 10.자 2011마1482 결정.

81) 예컨대, 1심 판결에서 피고가 원고에게 100만원을 지급하라고 선고하여, 원고가 가집행하여 100만원을 모두 받아갔는데, 항소심 조정에서 80만원만 지급하기로 한 경우, 실정에 맞게 원고가 피고에게 20만원을 반환하는 내용으로 조정이 이루어지는 것이 바람직합니다. 또한, 제1심 판결에 기한 가집행으로 경매나 채권 압류 및 추심 등을 신청하였다면, 조정한 돈을 지급받는 즉시 이를 취하하도록 하는 등의 내용도 필요합니다.

조정신청사건에 대하여 조정을 하지 아니하기로 하는 결정이 있었거나, 조정이 성립되지 아니한 것으로 사건이 종결된 경우, 또는 조정을 갈음하는 결정에 대하여 이의신청이 있는 경우에는 조정신청을 한 때에 소가 제기된 것으로 보아, 소송으로 이행됩니다(법 제36조 제1항). 이 경우 조정담당판사는 신청인에게 적절한 기간을 정하여 부족한 인지의 보정명령을 하고, 신청인이 인지를 보정하지 아니한 때에는 결정으로 조정신청서를 각하하여야 합니다. 이 결정에 대하여는 즉시항고를 할 수 있습니다(규칙 제16조의 4).

조정회부 사건은 다음과 같은 경우 조정절차를 종결하고 사건을 수소법원에 다시 회부하여 소송으로 복귀하게 됩니다(조정 예규 제25조 제3항).

① 당사자 쌍방 또는 일방에 대하여 공시 송달에 의하지 아니하고는 기일을 통지할 수 없는 때
② 당사자 쌍방 또는 일방의 불출석으로 인하여 조정기일을 2회 이상 진행하지 못한 경우에 조정을 갈음하는 결정을 하지 아니하는 때
③ 조정을 하지 아니하는 결정(법 제26조) 또는 조정불성립(법 27조)으로 종결된 때
④ 조정을 갈음하는 결정에 대하여 적법한 이의신청이 있는 때
⑤ 발송송달(법 제185조 제2항, 제187조) 또는 공시송달 이외의 방법으로 당사자 쌍방 또는 일방에게 조정을 갈음하는 결정서 정본을 송달할 수 없는 경우 조정을 갈음하는 결정을 취소한 때

조정절차에서의 의견과 진술은 민사소송(해당 조정에 대한 준재심은 제외)에서 원용하지 못합니다(법 제23조). 그러므로, 조정에서 쌍방이 제시한 의견과 진술은 조정을 전제로 한 참고적인 것으로 보아야 하고, 소

송으로 이행 및 복귀시 이를 원용하여 상대방에 대해 불리하게 공격할 수는 없다고 하여야 할 것입니다. 따라서, 상대방이 조정에서 한 이야기를 준비서면에 원용하면서 자신의 주장을 인정한 것이라고 공격하는 것은 부당합니다. 나아가, 2020. 2. 개정 민사조정법은 '당사자, 이해관계인'의 진술뿐 아니라, 조정기관이나 대리인을 포함한 조정절차에서의 모든 의견, 진술을 민사소송에서 원용하지 못한다고 범위를 확대하였습니다.[82] 그러므로, 조정 절차에서 조정위원이나 상대방의 대리인 등이 했던 의견, 진술도 추후 민사 소송 과정에서 원용할 수 없습니다.

조정신청사건이 소송으로 이행되는 경우 수소법원은 신청인이 처음부터 소를 제기한 것보다 불이익을 받지 않도록 기일지정 등에서 배려하도록 하고 있습니다(조정 예규 제17조 제2항). 이는 조정회부 사건이 소송으로 복귀되는 경우에도 마찬가지로 해석되어야 할 것입니다.

---

82)

구 민사조정법	2020. 2. 개정 민사조정법
제23조(진술의 원용 제한) 조정절차에서의 당사자 또는 이해관계인의 진술은 민사소송에서 원용하지 못한다.	제23조(진술의 원용 제한) 조정절차에서의 의견과 진술은 민사소송(해당 조정에 대한 준재심은 제외한다)에서 원용하지 못한다.

Chapter

03

—

조정조항으로 보는
조정전략(skill)

조정조항으로 보는 조정전략(skill)
- 돈과 관련된 사건

지금까지 조정의 장점과 그 절차를 살펴보았습니다. 이제 '내 사건도 조정으로 빨리, 잘 끝내고 싶다.'라는 생각이 들었나요? 그럼 어떻게 조정을 해야 좋을까요? 식상할 수 있지만 조정도 지피지기백전불태(知彼知己百戰不殆)입니다.[1]

그럼 조정에서 지피(知彼)는 무엇일까요? 맞습니다. 조정의 상대방과 조정의 결과물인 조정조항을 잘 아는 것입니다. 조정실에 들어가기 전에 사건유형별 예시 조항을 살펴보고 그 내용을 숙지하세요. 그리고 나는 지금 어떤 상황이고, 내가 정말 원하는 것은 무엇인지 생각해 보세요. 조정실에서는 상대방과 조정위원의 말을 잘 들어보고, '왜 저렇게 이야기할까?'하고 헤아려 보세요. 그러면 나에게 좀 더 유리한, 그리고 상대방이 약속을 잘 지킬 수 있는 조정안을 제시하기가 훨씬 쉬워집니다.[2]

---

1) '상대를 알고 나를 알면 백 번 싸워도 위태롭지 않다.'는 뜻의 고사성어로, 상대방과 나의 약점과 강점을 충분히 알고 싸움에 임한다면 이길 수 있다는 말입니다.
2) 임의조정을 할 경우 조정 당일에 조정조항을 정합니다. 조정을 한 이후에 추가적인 분쟁이 발생하는 것을 방지하기 위해 당사자들은 조정조항의 의미를 정확하게 알아야 합니다. 하지만 조정조항 중에는 법조인이 아닌 분들이 보기에 생소한 표현이나 용어가 들어갈 수 있습니다. 따라서 어떤 조정조항이 있는지 미리 아는 것이 좋습니다.

조정조항의 특징

조정이 이루어지는 경우 조정조서는 상대방에 대해 집행할 수 있는 집행권 원이 될 뿐 아니라, 그 내용의 효력을 다투는 방법은 매우 한정적입니다. 따라서 그 조서에 기재되는 조정조항은 명확하고 그 자체로 집행이 가능하여야 합니다.

하지만 조정조항의 간결성이 반드시 판결 주문의 그것과 같을 필요는 없습니다. 필요에 따라 조정조항을 구체적으로 기재할 수도 있습니다. 그래야 피고(피신청인)가 조정사건에서 항변한 내용으로 다시 분쟁하는 것을 예방할 수 있습니다.

따라서 사건에 관하여 나중에 서로 다른 주장이 나올 수 있거나 상대방과 조정사건에서 다투고 있는 것 이외의 다른 권리·의무가 있는 경우 상대방과 조정위원이나 조정담당판사에게 주저하지 말고 말해야 합니다. 가끔 당사자들로부터 "조정조항에 그런 내용도 들어갈 수 있나요?"라는 질문을 받는 경우가 있습니다. 조정조항은 판결주문보다 탄력 있게(다만 명확하고 그 자체로 집행의 문제가 없어야 한다는 전제 아래) 정해질 수 있으니, 정리가 필요하거나 원하는 내용이 있다면 조정절차에서 자유롭게 말해 보세요.

자, 그럼 어렵게만 느껴졌을 조정조항을 만나 볼 준비가 되었나요?[3]

사람들이 법원을 통하여 돈을 받으려고 하는 이유는 참 다양합니다. 대여금, 임금, 약정금, 보증금, 공사대금 기타 등등. 그래서 많고 많은 민사 분쟁이 있지만, 조정조서에 빠지지 않고 기재되는 단골 조항은 돈과 관련된 것입니다.

---

3) 이하에서 나오는 조정조항은 예시일 뿐입니다. 같은 취지의 조정조항이라도 사안이나 조정기관에 따라 표현방식이나 문구를 다르게 기재할 수 있습니다. 조항을 보며 '이런 내용이구나.'라는 정도로 이해하면 됩니다. 이하 「조정조항으로 보는 조정전략(skill) - 돈과 관련된 사건」부분은 [대전지방법원 조정협의회, 조정사랑 (2020), 21-26]에 기고했던 내용을 정리한 것입니다.

금대여 씨와 돈차용 씨는 오랜만에 동창모임에서 만났습니다. 돈차용 씨는 그 사이 신수가 훤해졌습니다. 돈차용 씨는 금대여 씨에게 자기가 요즘 A회사에 투자를 하고 있는데 수익률이 아주 좋다고 말합니다. 그리고 자기에게 돈을 빌려주면 연 30%의 이자를 더해서 갚겠다고 합니다. 마침 금대여 씨는 가지고 있는 퇴직금으로 앞으로 뭘 해야 하나 고민하고 있던 터라 차용증서도 받지 않고 돈차용 씨에게 큰돈을 빌려줍니다. 그런데 돈차용 씨가 투자한 회사가 부도가 납니다. 돈을 갚기로 한 날짜가 지났는데도 금대여 씨는 돈차용 씨로부터 이자는커녕 원금도 받지 못합니다. 금대여 씨는 차용증서를 작성하지 않은 것을 후회하면서 원금과 그에 대한 법정이자라도 달라는 소송을 제기하였습니다.

일반적으로 돈을 주고받는 방법

만약 금대여 씨(원고)가 돈차용 씨(피고)를 상대로 대여금을 반환하라고 소송을 제기하여 승소판결을 받았다면, 판결주문은 아래와 같습니다. 판결주문은 간결하고 명확합니다.

판결주문

1. 피고는 원고에게 □원과 이에 대하여 20○○. ○○. ○○.부터 20◎◎.
   ◎◎. ◎◎.까지 연 5%, 그 다음날부터 다 갚는 날까지 연 12%의 각
   비율로 계산한 돈을 지급하라.[4]

그럼 조정조항은 어떻게 생겼을까요? 만약 돈차용 씨가 금대여 씨에게 돈을 한 번에 갚겠다는 내용으로 조정이 이루어지면 조정조항도 판결주문과 크게 다르지 않습니다. 그런데 판결주문의 '~지급하라.'라는 표현은 '자율적이다'라는 느낌이 없지요. 판결은 법원이 돈차용 씨에게 돈을 지급하라고 명하는 것이기 때문입니다. 반면에 조정은 당사자들이 자발적으로 이행하겠다는 약속입니다. 따라서 조정조항은 '~ 지급한다.'라고 씁니다.[5]

금대여 씨는 양보하여 돈차용 씨에게 변제일(조정으로 정한 날짜)까지 발생하는 이자나 지연손해금은 면제해 줄 수 있습니다. 그래야 돈차용 씨도 조정에 쉽게 응하겠지요. 기본적인 금전지급 조정조항은 아래와 같습니다.

---

4) 돈을 지급하라는 판결을 선고할 경우 지연손해금의 산정의 기준이 되는 법정이율은 현재 연 12%입니다(각주 2 참조). 구체적으로는 2019. 6. 1. 기준 제1심 변론이 종결되지 않은 사건에 대해 위 기준시 이후에 발생하는 지연손해금은 개정 법정이율을 적용합니다. 다만 2019. 6. 1. 당시 제1심의 변론이 종결된 사건은 종전 법정이율이 적용됩니다[소송촉진 등에 관한 특례법 제3조 제1항 본문의 법정이율에 관한 규정, 부칙(2019. 5. 21. 대통령령 제29768호)].
5) 표현은 다르지만 조정조항은 판결주문과 동일한 기판력과 집행력이 있습니다.

124 민사조정 - 싸우기 싫지만 지기는 더 싫어

조정조항 – 기본형6)

1. 피고는 원고에게 20○○. ○○. ○○. 까지 □원을 지급한다. 피고가 지급을 지체하면, 미지급 잔액에 대해 20○○. ○○. ○◎.(*7)위 변제 기일 다음날입니다)부터 다 갚는 날까지 연 12%의 비율로 계산한 지연손해금을 가산하여(*지연손해금임을 특정해주는 것이 좋습니다) 지급한다.8)

(또는)

1. 피고는 원고에게 20○○. ○○. ○○. 까지 □원을 지급한다. 피고가 지급을 지체하면, 미지급 잔액에 대해 지체 다음날부터 다 갚는 날까지 연 12%의 비율로 계산한 지연손해금을 가산하여 지급한다.

꿀팁!

당사자 중에 조정은 하겠지만 조정 이후에 상대방과 연락하기를 꺼리는 분들도 있습니다. 조정을 진행하는 과정에서 돈을 지급받을 계좌의 정보(은행명, 계좌번호, 예금주 등)를 미리 확인한다면 돈을 주고받기 위해 상대방과 다시 만나거나 연락할 필요가 없습니다.

다만 금대여 씨가 위와 같은 판결을 받거나 [조정조항–기본형]의 내용으로 조정하였다고 해서 돈차용 씨로부터 돈을 100% 받을 수 있다고 장담할 수 없습니다. 돈차용 씨는 주머니 사정 때문에 분쟁을 지연시켜볼까 생각도 해보지만, 그러기엔 쌓여가는 높은 법정지연손해금이 부담

---

6) 조정조항의 유형별 제목은 임의로 붙인 것입니다.

7) 괄호 안의 내용 중 '*표'가 표시된 부분은 이해를 돕기 위한 것으로 조정조서에 실제로 기재되지는 않습니다.

8) 이하에서는 지연손해금을 기재한 '만일 피고가 이행을 지체할 경우~ 지급한다.'는 부분을 '~ (지연손해금)~'으로 표기하겠습니다.

됩니다. 회생이나 파산신청을 해볼까 고민도 해봅니다. 한편, 금대여 씨도 막막하기는 마찬가지입니다. '판결만 잘 나오면 어떻게든 돈을 받겠지' 했다가도, 한편으로는 판결이 있더라도 돈차용 씨가 돈을 안 갚으면 어떻게 하나 불안하기도 합니다. '돈차용의 재산을 집행이라도 해야 하나', '집행할 재산은 있나' 하는 고민이 생깁니다.

아래는 당사자들의 다양한 사정을 반영한 금전지급 조정조항입니다. 이 조항들을 미리 살펴보고, 조정기일에 상대방의 이야기를 잘 들어보세요. 그럼 내가 어떻게 돈을 받으면(또는 주면) 제일 유리하겠다는 생각이 들 것입니다.

돈을 나누어 주고받는 방법

만약 돈차용 씨가 돈을 갚아야 한다고 인정은 하지만 수중에 돈이 없다고 가정해 볼까요. 갚아야 할 돈이 한 번에 다 주기엔 큰 액수입니다. 매달 타는 월급을 나눠 줘야 하는 형편일 수도 있습니다. 이럴 경우 금대여 씨가 돈을 나눠받기로 하면 어떨까요. 돈을 다 받는데 시간이 걸릴 수 있겠지만, 언제 끝날지 모를 판결을 손 놓고 기다리는 것보다 나을 수 있습니다. 하지만 금대여 씨는 '분할하여 지급받는 것은 괜찮지만, 돈차용이 약속한 분할금도 제대로 지급하지 않으면 어떻게 하나' 하고 불안할 수 있겠지요.

돈을 분할하여 지급하겠다는 약속이 지켜지지 않는 경우를 대비하여 불이익(페널티) 조항을 추가하자고 제안할 수 있습니다. 페널티 조항의 대표적인 예는 아래 조정조항 예시와 같이 피고가 약속한 기일을 1번(또는 2번 정도) 지키지 않으면 그 때까지 지급하지 않은 잔액을 바로, 그리고 한 번에 지급하라는 것입니다.[9]

---

9) 피고가 1회만 연체하여도 그 이후에 분할하여 지급할 수 있는 기회를 상실하는 것으로 정한다면, 이는 분할을 해서라도 돈을 주려는 피고에게는 무리한 약속이

🐑 조정조항 - 분할형

1. 피고는 원고에게 □원을 지급하되, 이를 ○회 분할하여 20○○. ○○. ○○.부터 20◎◎. ◎◎. ◎◎.까지 매월 말일(*지급주기와 날짜를 사정에 맞게 정하면 됩니다.)에 ◇원씩 지급한다. 피고가 1회라도(*또는 2회/3회 이상) 지급을 지체하면, 피고는 기한의 이익을 상실하고 남은 돈을 일시에 지급하되, 이에 대하여 기한의 이익 상실일 다음날부터 다 갚는 날까지 연 12%의 비율로 계산한 지연손해금을 가산하여 지급한다.

돈을 깎아줄 의사는 있지만 확실히 받고 싶은 때의 방법 (탕감형)

제1심에서 금대여 씨가 전부 승소하였거나 상당한 돈을 받는 내용으로 판결이 났는데 돈차용 씨가 항소한 경우, 금대여 씨는 항소심에서도 자기가 이길 것 같으니 돈차용 씨와 조정을 하는 것보다 그냥 항소심 판결을 받겠다고 생각하겠지요.[10] 하지만 항소심 판결이 나올 때까지는 많은 시간이 걸리고, 항소심 판결을 받아 강제집행을 하더라도 돈차용 씨에게 자력이나 집행할 재산이 없는 경우 금대여 씨는 결국 돈을 받지 못할 수도 있습니다. 법원을 통하여 다투는 이유는 내 손에 돈이 들어오길 바라기 때문이지 판결문을 받아 액자에 넣어두려고 하는 것이 아닙니다. 돈차용 씨도 금대여 씨에게 돈을 전부 갚고 싶지만, 그렇게 하기엔 가지고 있는 돈이 부족해서 할 수 없이 항소한 것이라고 합니다.

될 수 있습니다. 피고가 착오로 분할금 지급을 늦게 하는 경우도 있습니다. 따라서 2회 이상 연체하거나 연체한 돈의 합계가 2회 이상의 분할금에 달할 때 분할지급의 기회를 상실하는 것으로 정하는 게 합리적일 수 있습니다.

10) 돈을 달라는 내용의 소송에서 '원고 전부 승소판결'은 원고가 청구한 돈을 피고에게 다 주라고 하는 판결입니다. 이 경우 원칙적으로 패소한 당사자가 소송비용을 부담합니다(민사소송법 제98조).

이럴 경우, 돈차용 씨가 변제해야 하는 돈을 감액하는 내용으로 조정을 하면 어떨까요? 그러면 금대여 씨는 '내가 이겼는데, 돈차용이 깎아준 돈도 안 갚으면 나만 괜히 깎아 주는 거 아니야?'라고 생각할 수도 있습니다. 이런 걱정을 하고 있는 금대여 씨에게 일명 탕감형 조정을 권합니다. 지급능력 범위 안에서 현실적으로 돈을 갚는 것을 조건으로 금대여 씨가 돈차용 씨의 남은 채무를 면제해주는 방법입니다. 자, 그럼 탕감형 조항을 함께 볼까요?

 조정조항 - 탕감형

1. 피고는 원고에게 □원 및 이에 대하여 20○○. ○○. ○○.부터 20◎◎. ◎◎. ◎◎.까지 연 5%, 그 다음날부터 다 갚는 날까지 연 12%의 각 비율로 계산한 돈을 지급한다.

2. 가. 다만 피고가 원고에게 20●●. ●●. ●●.까지 ◇(*감액된 액수)원을 지급하는 경우, 피고의 원고에 대한 제1항 기재 나머지 채무는 면제된다.

   나. 만일 피고가 제2의 가항 기재 돈 ◇원 중 일부라도 지급을 지체할 경우 피고는 원고에게 제1항에 기재된 돈을 지급한다. 이 경우 피고가 원고에게 이미 지급한 돈이 있는 경우, 그 지급한 돈은 제1항 기재 돈 중 지연손해금, 원금 순으로 변제충당된 것으로 본다(*원고가 양해하는 경우 '원금, 지연손해금 순'으로 변경할 수 있습니다).

(또는)

1. 피고는 원고에게 ◇(*감액된 액수)원을 지급하되, ○회 분할하여 20○○. ○○. ○○.부터 20◎◎. ◎◎. ◎◎.까지 매월 말일(*지급주기와 날짜를 사정에 맞게 정하면 됩니다.)에 ◆원씩 지급한다.

2. 피고가 1회라도(*또는 2회/3회 이상) 제1항의 지급을 지체하면, 제1항은 무효로 하고, 피고는 □원(*감액하지 않은 액수) 및 이에 대하여 20●●. ●●. ●●.부터 다 갚는 날까지 연 12%의 비율로 계산한 지연손

해금을 지급한다. 이때 피고가 지급한 돈이 있으면, 이는 원금에 변제충당된 것으로 보고, 원고는 이에 대한 지연손해금을 포기한다.

위 예시조항 중 첫 번째 유형은 일시에 감액된 돈을 지급하면 나머지는 탕감되는 유형입니다. 제1항에는 제1심 판결 주문에서 인용된 돈(주로 항소심에서 조정회부된 경우)이나 원고가 주장하는 돈(주로 조정신청사건이나 제1심에서 조정회부된 경우)을 써주고, 제2의 가항에는 피고가 정말로 갚을 수 있는 액수를 정하여 씁니다. 만일 피고가 제2의 가항에 정한 돈을 그 변제기일까지 지급하지 않으면 원고와 피고의 권리·의무는 제1항 기재 내용대로 돌아갑니다. 원고는 제1항에 기해 강제집행할 수 있게 됩니다. 두 번째 유형도 비슷하지만, 이번에는 피고가 감액된 액수를 한 번에 지급하기 어려워 분할하여 지급하고자 하는 경우입니다. 제1항에는 피고가 분할하여 지급할 금액을, 제2항은 피고가 만약 분할지급의무를 지체하는 경우 원고가 받고자 하는 돈을 기재하면 됩니다. 이미 지급한 돈이 있는 경우 예시조항과 달리 지연손해금, 원금 순서로 변제충당된 것으로 정할 수도 있습니다.

어떤가요? 금대여 씨 입장에서는 전부 승소 판결을 받는 것보다 일부 돈이라도 최대한 빨리 그리고 현실적으로 받는 것이 나을 수 있습니다. 돈차용 씨도 커다란 짐처럼 느껴지는 빚을 마음을 다해 정리할 수 있는 좋은 기회를 갖게 됩니다.

돈을 이미 전부(또는 일부) 돈을 받았을 때의 방법

조정을 신청하거나 소송을 제기하고 난 뒤, 실제 조정기일까지는 꽤 시간이 걸립니다. 그 사이에 돈차용 씨가 금대여 씨에게 일부 돈을 지급하였다면, 그 일부 지급 부분에 대하여 확실하게 정리하는 확인조항이 필요합니다.[11] 확인조항의 내용은 다양하게 정할 수 있습니다. 예시 조항은 아래와 같습니다.

조정조항 - 피고가 원고에게 이미 일부 지급한 돈이 있는 경우

1. 원고와 피고는, 피고가 원고에게 □원을 지급하기로 합의하였고, 원고는 피고로부터 20○○. ○○. ○○.에 위 돈 중 ◇원을 지급받았음을 확인한다.
2. 피고는 원고에게 제1항 기재 □원 중 나머지 △원을 20◎◎. ◎◎. ◎◎.까지 지급한다. ~ (지연손해금)~

(또는)

1. 피고는 원고에게 □원(단, 위 돈은 원고가 20○○. ○○. ○○. 피고로부터 지급받은 돈 ◇원을 포함함)을 지급하되, 이를 위하여 20◎◎. ◎◎. ◎◎.까지 △원을 지급한다. ~ (지연손해금)~

한편 조정기일에 돈차용 씨가 금대여 씨에게 미안하다며 돈을 일부라도 지급하면서 감액을 구한다면, 금대여 씨의 마음이 분쟁으로 인해 언짢았던 마음이 스르르 녹아 버려 이외로 많은 부분을 양보할 수도 있습니다. 돈차용 씨가 지급하고자 하는 돈의 액수와 금대여 씨가 원하는 액수의 차이가 좁혀지지 않는다면, 이렇게 돈차용 씨가 조정실에서 당장 얼마라도 지급하겠다고 제안하는 것도 좋은 방법입니다.

---

11) 돈을 지급하였더라도 상대방이 돈을 받은 적이 없다고 하거나 당사자 사이에 그 액수 또는 지급 명목에 대하여 다투는 경우가 있을 수 있기 때문입니다.

조정조항 – 피고가 원고에게 조정기일에 즉석에서 일부를 지급하는 경우

2. 피고는 이 사건 조정기일 당일인 20○○. ○○. ○○. 원고에게 제1항 기재 □원 중 ◇원을 지급하였고, 원고는 이를 지급받았음을 확인한다.

조정기일 이전에 금대여 씨가 가집행 등의 방법으로 일부 돈을 이미 받은 경우도 있습니다. 그 부분의 확인이 필요하다면 아래와 같이 조정 조항을 정할 수 있습니다.

 조정조항 – 원고가 조정기일 이전에 집행 등으로 일부 채권 만족이 있는 경우

1. 원고와 피고는, 제1심 판결 선고 이후 원고가 수령한 가지급금이 원고에게 종국적으로 귀속됨을 확인하고, 피고는 원고에게 위 가지급금의 반환을 청구하지 아니한다.
2. 피고는 원고에게 20○○. ○○. ○○.까지 □원(제1항에 기재한 가지급금과는 별개의 돈임)을 지급한다. ~(지연손해금)~

관련 사건에 공탁금 등이 있는 경우

가압류집행취소의 해방공탁금이 있는 경우

조정실에 온 금대여 씨는 이렇게 말합니다. "돈차용의 부동산에 가압류를 했는데, 돈차용이 공탁금을 걸었다고 합니다. 가압류하는 과정에서 돈도 많이 썼는데요. 그럼 저는 이제 어떻게 되는 건가요?"

채권자가 가압류를 하였는데, 채무자가 가압류명령에 기재된 해방금액을 공탁하는 경우가 있습니다. 그러면 법원은 채권자가 집행한 가압류를 취소하여야 합니다(민사집행법 제299조 제1항). 가압류가 취소되다니, 그럼 채권자에게 불이익이 생기는 것 아닌가요? '가압류집행'이 취소되더라도 '가압류명령' 그 자체의 효력이 소멸하는 것은 아닙니다. 금대여 씨는 '부동산'이 아닌 '돈차용 씨의 공탁금 회수청구권'에 대하여 집행법원의 현금화명령(전부명령 또는 추심명령)을 통해 변제받을 수 있게 되는 것이죠.

그런데 소송대리인 없이 소송을 진행하고 있던 금대여 씨는 조정위원의 이런 설명을 듣자 정신이 아득해집니다. '돈만 받으면 간단하게 해결될 문제인데, 뭐가 이렇게 복잡하지?'라는 생각이 들죠. 금대여 씨는 추심명령이니 전부명령이니 하는 절차를 거치는 것보단 조금 깎아주더라도 얼른 조정으로 끝내야겠다는 생각이 듭니다. 돈차용 씨도 내년에 쓸 예정이었던 자녀 대학등록금까지 탈탈 털어 공탁을 하였기 때문에 답답하기는 마찬가지입니다. 다른 건 몰라도 등록금만은 회수했으면 하는 바람입니다. 이런 경우 돈차용 씨가 공탁한 돈보다 적은 돈을 금대여씨에게 지급하되, 그 방법은 돈차용 씨의 공탁금 회수청구권의 일부를 금대여 씨에게 양도하는 방식으로 조정할 수 있습니다. 이렇게 조정을 한다면, 금대여 씨는 돈을 조금 더 안정적으로 받을 수 있게 됩니다. 돈차용 씨도 일시적으로라도 추가적인 돈을 융통할 필요가 없게 되고, 자녀의 대학등록금도 조달할 수 있습니다.

조정조항 – 가압류집행취소의 해방공탁금이 있고, 공탁금 중 일
부만 지급하기로 하는 경우

1. 피고는 원고에게 □원을 지급한다.
2. 제1항 기재 <u>돈 지급을 위하여</u> 피고는,
    가. 원고에게 ○○법원 20○○금제○○○○호로 공탁한 공탁금 ■원 중
        □원에 대한 공탁금 회수청구권을 양도하고,
    나. 대한민국(소관: ○○법원 공탁공무원)에게 제2의 가항 기재와 같이
        양도하였다는 취지의 통지를 한다.
3. 피고의 제2항 기재 양도와 동시에 원고는,
    가. ●●법원 20●●카단●●●● 부동산가압류 사건의 신청을 취하하고,
    나. 피고가 ○○법원 20○○금제○○○○호로 공탁한 공탁금 ■원 중
        제2의 가항의 □원을 제외한 나머지 △원에 대한 공탁금 회수청구권
        을 행사하는데 동의한다.

반대의 경우도 살펴보겠습니다. 금대여 씨가 가압류하고, 소제기도
하면서 돈이 많이 들었다며, 돈차용 씨가 걸어 놓은 공탁금보다 돈을 더
받아야겠다고 말합니다. 돈차용 씨도 나중에 재판에서 지면 금대여 씨
의 소송비용까지 물어주어야 하는데, 차라리 지금 조정을 통해 소송비
용이라도 깎는 것이 낫겠다 싶습니다. 그래서 돈차용 씨가 금대여 씨에
게 지급할 돈을 해방공탁한 금액보다 조금 더 지급하기로 합의합니다.

 조정조항 – 가압류집행취소의 해방공탁금이 있고, 공탁금보다 돈을
더 지급하기로 하는 경우

1. 피고는 원고에게 □원을 지급하되, 그 <u>지급방법</u>은 아래와 같이 한다.
    가. 피고는 원고에게 △원(*피고가 원고에게 지급하기로 한 돈인 □원에

서 <u>해방공탁금 ■원을 뺀 돈의 액수입니다.</u>)을 지급한다. 피고가 지급을 지체하면, 미지급 잔액에 대해 지체 다음날부터 다 갚는 날까지 연 12%의 비율로 계산한 지연손해금을 가산하여 지급한다.

나. 나머지 ■원은 ●●법원 20●●카단●●●● 부동산가압류 신청과 관련하여 피고가 납입한 가압류해방공탁금(●●법원 20○○금제○○○○호 해방공탁금 ■원)에서 원고가 지급받기로 한다.

다. 제1의 나항 이행을 위하여, 피고는 원고에게 가압류해방공탁금 회수청구권 전부를 양도하고, 그 양도사실을 대한민국(소관: ●●법원 공탁공무원)에 통지하는 양도절차를 이행하고, 그 외에 원고가 위 해방공탁금을 회수하는데 필요한 모든 절차의 이행에 협력한다.

다만 이 방법으로 조정을 하는 경우에도 유의할 점이 있습니다. 만일 돈차용 씨에게 다른 채권자가 있고, 그 채권자가 공탁금회수청구권에 대하여 가압류 등을 한 경우, 금대여 씨는 공탁금회수청구권을 통하여 변제를 받지 못할 수도 있습니다. 따라서 돈차용 씨가 공탁금회수청구권을 통하여 변제받지 못하더라도 돈차용 씨의 금전지급 채무 자체가 소멸한 것은 아니라는 점을 표시할 필요가 있습니다. 아래와 같은 문구를 추가하면 될 것입니다.

 조정조항 – 해방공탁금 지급 거절 대비 조항

제○항 기재 가압류와 관련하여 피고의 해방공탁금 회수청구권의 양도에도 불구하고 가압류의 경합 등 법률상·사실상의 장애로 인하여 법원으로부터 원고에 대한 해방공탁금의 지급이 거절될 경우, 피고는 원고에게 수령하지 못한 잔액 및 이에 대한 원고의 해방공탁금 지급청구일 다음날부터 다 갚는 날까지 연 12%의 비율로 계산한 돈을 지급한다.

또한 공탁금회수청구권의 양도가 '지급에 갈음'하여 한 것이 아니라, '지급을 위하여' 또는 '지급방법'으로 하는 것으로 조정을 하였다면 이를 명확히 명시해 주어야 합니다. 위 [조정조항 - 가압류집행취소의 해방공탁금이 있고, 공탁금 중 일부만 지급하기로 하는 경우] 예시 조항 중 제2항의 '돈 지급을 위하여'와 [조정조항 - 가압류집행취소의 해방공탁금이 있고, 공탁금보다 돈을 더 지급하기로 하는 경우] 예시 조항 중 제1항 '지급방법'이라는 밑줄 친 문구를 참고해 주세요.

 꿀팁! '지급방법'·'지급을 위하여' vs. '지급에 갈음하여'

기존의 채무를 이행하기 위하여 다른 채권을 양도하는 경우, 그 채권양도가 '지급방법으로' 또는 '지급을 위하여'와 '지급에 갈음하여'하는 경우가 있습니다. 이 두 가지 방식의 차이는 무엇일까요? 이 채권양도가 '지급방법으로' 또는 '지급을 위하여' 한 것이라면 기존 원인채무를 그대로 존속시키면서 그에 대한 지급방법으로써 이루어지는 것입니다. 반면 채권양도가 '지급에 갈음하여' 한 경우라면, 채권양도를 함으로써 기존 원인채무를 소멸시키는 효과가 있습니다.

강제집행정지 사건의 담보가 있는 경우

사안을 바꾸어 이번에는 금대여 씨가 제1심 승소판결을 받았다고 가정해보겠습니다. 금대여 씨는 제1심 승소판결의 가집행으로 돈차용 씨의 예금채권에 채권압류 및 추심명령을 받았습니다. 돈차용 씨는 추심명령을 송달받고 그제야 부랴부랴 강제집행정지 신청을 하고, 공탁을 합니다. 이 상황에서 금대여 씨와 돈차용 씨의 항소심 사건이 조정으로 회부되었습니다. 이 경우에도 돈차용 씨가 금대여 씨에게 강제집행정지 사건에서 공탁한 돈 중 일부만 지급하고 나머지는 회수하는 방식과 공탁금보다 돈을 더 지급하기로 하는 방식으로 조정할 수 있겠지요.

 조정조항 – 강제집행정지 사건의 담보(공탁금)가 있고, 공탁금 중
일부만 지급하기로 하는 경우

1. 피고는 원고에게 □원을 지급하되, 그 지급방법은 아래와 같이 한다.
   가. 원고는 ●●법원 20●●카정●●●● 강제집행정지 사건에 관하여
   피고가 제공한 담보(같은 법원 20○○금제|○○○○호)의 취소에 동
   의하고, 그 취소결정에 대한 항고를 하지 아니한다.
   나. 피고는 원고에게 제1의 가항 기재 담보취소에 따른 공탁금 ■원 중
   □원의 회수청구권을 양도하고, 대한민국(소관: ●●법원 공탁공무
   원)에 그 양도 통지를 한다(원고가 이 조정조서 정본을 위 공탁공무
   원에게 제출하는 것으로 피고의 양도 통지를 갈음할 수 있다).
2. 원고는 피고로부터 제1항 기재 □원을 모두 지급받으면 지체 없이, ●●
   법원 20○○타채○○○○ 채권압류 및 추심명령의 신청을 취하하고, 그
   집행을 해제한다.

 조정조항 – 강제집행정지 사건의 담보(공탁금)가 있고, 공탁금보
다 돈을 더 지급하기로 하는 경우

1. 피고는 원고에게 □원을 지급하되, 그 지급방법은 아래와 같이 한다.
   가. 피고는 원고에게 20○○. ○○. ○○.까지 △원(*피고가 원고에게
   지급하기로 한 돈인 □원에서 공탁금 ■원을 뺀 돈의 액수입니다.)
   을 지급한다. 피고가 지급을 지체하면, 미지급 잔액에 대해 지체 다
   음날부터 다 갚는 날까지 연 12%의 비율로 계산한 지연손해금을
   가산하여 지급한다.
   나. 원고는 ●●법원 20●●카정●●●● 강제집행정지 사건에 관하여
   피고가 제공한 담보(같은 법원 20○○금제|○○○○호)의 취소에 동

의하고, 그 취소결정에 대한 항고권을 포기한다.

　다. 피고는 원고에게 제1의 나항 기재 담보취소에 따른 공탁금 ■원의
　　　회수청구권을 양도하고, 대한민국(소관: ●●법원 공탁공무원)에 그
　　　양도 통지를 한다(원고가 이 조정조서 정본을 위 공탁공무원에게 제
　　　출하는 것으로 피고의 양도통지에 갈음할 수 있다).

2. 원고는 피고로부터 제1항 기재 돈 □원을 모두 지급받으면 지체 없이,
　 ○○법원 20○○타채○○○○ 채권압류 및 추심명령 신청을 취하하고,
　 그 집행을 해제한다.

 채권자가 제공한 담보가 있으면 어떻게 하나요?

채권자의 보전처분신청(가압류·가처분 신청)에 대해, 법원이 담보를 제공하
는 것을 조건으로 이를 인용하는 경우가 있습니다. 만약 채권자가 담보로 현
금을 공탁했는데 분쟁이 해결되는 경우, 채권자는 공탁금을 회수할 필요가
있습니다. 아래의 조항을 참고하세요.

 조정조항 – 채권자가 담보로 제공한 돈을 다시 찾아야 하는
　　경우

1. 피고는 원고에게 ~(금전지급 조항)~
2. 원고는 피고로부터 제1항 기재 돈을 모두 지급받으면 즉시 피고에
　 대한 ○○법원 20○○카단○○○○ 채권가압류 사건의 신청을 취
　 하하고, 집행을 해제한다.
3. 제2항의 경우 피고는 ○○법원 20○○카단○○○○ 채권가압류 신
　 청사건에 관하여 원고가 제공한 담보(같은 법원 20●●금제●●●
　 ●호)의 취소에 동의하고, 그 취소결정에 대한 즉시항고권을 포기한다.

청산조항

청산조항은 조정일자를 기준으로 당사자 간에 지금 다투는 권리관계 외에는 서로에게 다른 권리·의무가 없다는 것을 확인하는 조항입니다. 청산조항으로 당사자 사이에 이 사건 말고 다른 법적 분쟁까지 명확히 정리하고 끝낼 수 있습니다. 서로에 대하여 이 사건 분쟁 외에 해결해야 할 다른 권리·의무가 없는 게 확실하다면 이를 확인하는 포괄적인 청산조항을 넣자고 제안할 수 있습니다.

만약 금대여 씨와 돈차용 씨 사이에 여러 분쟁이 있고, 조정을 진행하고 있는 사건의 쟁점만을 조율하여 합의가 이루어지는 경우라면 포괄적인 청산조항을 기재하면 안 됩니다. 해결되지 않은 다른 분쟁에 따른 권리·의무에 영향을 미칠 수 있기 때문입니다. 이런 경우에는 청산의 범위를 명확하게 특정해야 합니다. 청산조항은 조정의 상대방과 충분히 합의한 후에 기재하여야 나중에 그 조항이 미치는 효력이나 그 범위에 관하여 다툴 일이 생기지 않습니다.

 조정조항 – 기본적인 청산조항

4. 제1항 내지 제3항에서 정한 것 외에, 원고와 피고는 서로에게 일체의 권리·의무가 없음을 확인하고, 향후 서로에게 일체의 민·형사상 이의를 제기하지 아니한다.

 조정조항 – 범위를 특정한 청산조항

4. 제1항 내지 제3항에서 정한 것 외에, 원고와 피고 사이에 이 사건 임대차와 관련하여(*임대차 분쟁에 한정하여 정리함을 의미합니다.) 서로에게 일체 권리·의무가 없음을 확인하고, 향후 서로에게 일체의 민·형사상 이

의를 제기하지 아니한다.

조정조항 – 공사대금 청구 사건에서 피고가 미시공이나 하자 부분을 다투어 이를 참작하여 지급할 돈을 정한 경우

3. 제1, 2항에서 정한 것 외에, 원고와 피고 사이에 이 사건 공사와 관련하여 서로에게 일체 권리·의무가 없음을 확인하고, 향후 서로에게 하자보수, 손해배상, 미시공 부분, 기타 일체에 관하여 민·형사상 이의를 제기하지 아니한다.

돈차용 씨가 돈을 갚지도 않고 연락도 받지 않자 금대여 씨는 사기를 당했다고 생각하게 됩니다. 금대여 씨는 부랴부랴 경찰서에 돈차용 씨를 형사고소하였다고 가정해 봅시다. 이 경우 금대여 씨와 돈차용 씨는 형사고소 사건까지 고려하여 조정할 수 있습니다. 금대여 씨가 돈차용 씨에게 대여금을 돌려주면 형사고소를 취소하겠다고 제안한다면, 돈차용 씨로부터 돈을 받을 가능성을 높일 수 있습니다. 돈차용 씨도 조정을 할 경우 형사사건에 대한 부담을 줄일 수 있습니다.

조정조항 – 관련 형사사건이 있는 경우 고소 취소까지 함께 하는 경우

1. 금전지급 조항
2. 원고는 피고로부터 제1항의 돈을 전부 지급받는 경우 즉시 피고에 대한 △△지방 검찰청 20○○형제○○○호 ×× 등 형사사건(*형사사건이 경찰단계에서 조사 중이거나 법원에 이미 기소된 경우에도 가능합니다.)에 대한 고소를 취소하고, 처벌을 원하지 않는다는 의사표시를 한다[만약 원고가 이를 이행하지 아니하는 경우 피고는 고소취소의 뜻이 담긴 이 조

정조서의 제출로 고소취소장에 제출에 갈음하고, 원고는 피고에게 그 제출권한을 위임한다].[12]

조정 이후에 제3자가 권리를 행사할 가능성이 있거나, 이해관계인이 있는 경우

한 사건에서 조정이 이루어지더라도 이를 기초로 제3자 또는 당사자 일방이 별개의 권리를 행사할 것을 예상할 수 있는 경우가 있습니다. 이럴 때는 조정을 할 때 문제되는 부분에 관하여 구체적으로 정하여, 향후 그 조정조항 문구를 두고 원고, 피고와 제3자가 다르게 해석하여 다시 분쟁이 생기지 않도록 해야 합니다.

한편 이해관계 있는 제3자가 있는 경우, 앞서 살펴보았던 '조정참가 제도'를 활용하여 그 제3자에게도 조정의 효력을 미치게 한다면 3자간의 분쟁을 한 번에 해결할 수 있습니다. 만일 돈차용 씨의 친구인 박보증 씨가 돈차용 씨를 위해 보증을 서 주었고, 금대여 씨가 박보증 씨에게 돈을 달라고 민사소송을 한다면 어떻게 될까요? 박보증 씨가 금대여 씨에게 변제한 후 돈차용 씨에게 별도의 구상금 청구를 해야 하는 상황이 발생합니다. 이 경우 돈차용 씨가 조정에 참가한 뒤 박보증 씨와 함께 금대여 씨에게 변제하는 방법이 있습니다. 돈차용 씨는 자기를 위하여 연대보증을 한 박보증 씨를 법원에 오게 한 점에 심리적 압박을 느끼고 자발적으로 돈을 지급할 가능성이 높습니다.

---

12) 형사 고소를 취소하기로 조정하더라도 원고가 별도로 검찰청에 고소를 취소하여야 고소 취소의 효력이 비로소 발생합니다(대법원 2004. 3. 25. 선고 2003도8136 판결 참조). 다만 형사소송법 제263조에 의하면 고소 취소의 대리가 가능하므로, 괄호 안의 내용 같이 피고가 원고를 대리하여 고소를 취소할 수 있도록 하는 조항을 함께 기재하면 좋습니다. 실무상 '고소 취소' 외에 '고소 취하'라는 표현을 사용하는 경우도 있습니다.

조정조항 – 이해관계 있는 제3자가 조정에 참가하는 경우

1. 피고(*연대보증인임)와 조정참가인(*주채무자임)은 연대하여 원고에게 20
   ○○. ○○. ○○. 까지 □원을 지급한다. 피고와 조정참가인이 지급을
   지체하면, 미지급 잔액에 대해 지체 다음날부터 다 갚는 날까지 연 12%
   의 비율로 계산한 지연손해금을 가산하여 지급한다.
2. 원고는 나머지 청구를 포기한다.
3. 원고, 피고 및 조정참가인 중 1인이라도 이의할 경우 이 결정 전체를 확
   정되지 않는 것으로 하여 소송으로 이행하기로 한다(*원고, 피고 및 조정
   참가인 간의 획일적일 분쟁해결을 위하여 기재할 수 있습니다).

위 예시 조항 중 제3항은 필수적으로 기재해야 하는 사항은 아닙니
다. 다만 당사자가 다수인 사건에서 임의조정이 아닌 조정을 갈음하는
결정을 하는 경우, 당사자 중 일부만 이에 대해 이의할 수 있고, 이때는
원칙적으로 이의하지 않은 나머지 당사자 사이의 분쟁은 결정 내용대로
확정이 됩니다. 금대여 씨는 박보증 씨와 돈차용 씨가 연대하여 변제할
것을 기대하고 금액이나 변제시기를 조율하였는데, 박보증 씨나 돈차용
씨 중 결정에 이의한 사람이 있다면, 그 이의한 사람과의 분쟁은 조정
을 갈음하는 결정이 확정되지 않습니다. 이 경우 이의하지 않은 사람은
생각하지 못한 불이익을 입을 수 있습니다. 따라서 조정에서 정한 사항
이 여러 명의 당사자나 조정참가인 등에게 공통되는 법률관계를 형성하
는 것을 전제로 조정한 경우라면, 조정을 갈음하는 결정이 분리하여 확
정되어도 괜찮은지 미리 검토해야 합니다.

조정을 갈음하는 결정이 분리하여 확정될 경우 법률관계가 복잡해질
가능성이 있다면, 결정의 분리 확정을 불허하는 취지의 조정조항(위 예
시조항 중 제3항)을 추가해야 할지에 관해서도 합의를 하는 것이 좋습니다.

상계하기로 합의하는 경우

돈차용 씨가 금대여 씨에게 지급해야 할 돈이 이자 및 지연손해금을 포함하여 총 2,000만 원입니다. 그런데 조정기일에 돈차용 씨가 자기도 금대여 씨에게 받을 돈이 있다고 합니다. 금대여 씨가 자기를 찾아와 돈을 갚으라고 협박하고 때려 2주간 입원하여 치료를 받았으니 치료비, 일실수익 및 위자료를 달라는 것이죠. 이 경우 어떻게 조정해야 분쟁을 한 번에 해결할 수 있을까요?

판결은 '판결이유'가 있는 반면 조정결정은 '이유' 부분이 없습니다. 따라서 상대방이 서면으로 항변하였거나 조정기일에 주장하는 내용이 있을 경우, 조정조항에 이를 적절하게 적시하여야 추가적인 분쟁 발생을 방지할 수 있습니다.

위 사안에서 손해배상금을 300만 원으로 하고, 이를 대여금 2,000만 원과 상계하여 결국 돈차용 씨가 금대여 씨에게 1,700만 원을 주기로 합의하였다고 가정해볼까요.[13] 상계하기로 하였기 때문에 돈차용 씨의 손해배상금 채권과 금대여 씨의 대여금 채권 중 대등액은 소멸합니다. 그

---

13) 상계란 '채권자와 채무자가 동종의 채권·채무를 가지는 경우에, 그 채권과 채무를 대등액에서 소멸시키는 일방적 의사표시'를 말합니다(민법 제492조). 상계가 금지되는 경우도 있는데요. ① 당사자가 상계하지 않기로 약정(다만 상계금지 약정으로 선의의 제3자에게는 대항불가능)한 경우, ② 채무의 성질에 의한 경우(동시이행항변권 혹은 최고·검색의 항변권이 붙은 자동채권과 상계불가능), ③ 법률규정에 의한 경우[고의의 불법행위로 인한 손해배상채권을 수동채권으로 하는 상계금지(민법 제496조), 압류하는 것이 금지되어 있는 채권을 수동채권으로 하는 상계금지(민법 제497조), 지급금지채권을 수동채권으로 하는 상계 금지(민법 제498조)] 등이 있습니다. 이 사안의 경우 돈차용 씨의 채권이 '불법행위에 기한 손해배상채권'이므로 상계가 금지되는 경우가 아닌가 하는 의문이 들 수 있습니다. 그러나 이미 발생한 고의의 불법행위로 인한 손해배상채권에 관하여 채권자와 채무자가 '상계계약'을 맺는 것 같이, 피해자인 채권자의 의사에 반하지 않는 상계까지 금지되는 것은 아닙니다. 따라서 금대여 씨와 돈차용 씨는 서로에 대한 채권을 가지고 상계하기로 조정할 수 있습니다.

런데 단순히 '피고는 원고에게 20○○. ○○. ○○.까지 1,700만 원을 지급한다. ~'라고 조정조항을 작성하는 경우 어떤 일이 발생할 수 있을까요? 나중에 돈차용 씨가 금대여 씨를 상대로 손해배상금 청구를 하는 경우 금대여 씨가 이미 선행한 조정사건에서 이를 참작하여 금액을 정하였다고 주장하더라도, 금대여 씨의 주장이 손해배상청구 사건에서 받아들여지지 않을 수 있습니다. 따라서 당사자가 서로에게 주고받을 돈이 있어 상계하기로 합의한 경우, 조정조항에 이를 명확하게 기재해야 합니다.

 조정조항 – 상계합의가 있고, 그 차액을 지급하기로 하는 경우

1. 피고는 원고에 대하여 20○○. ○○. ○○.자 대여에 기하여 이 사건 조정기일까지 합계 ◇원의 대여금 지급채무가 있음을 확인한다.
2. 원고는 피고에 대하여 20◎◎. ◎◎.◎◎.자 불법행위에 기하여 조정기일 현재 □원의 손해배상금 지급채무가 있음을 확인한다.
3. 원고와 피고는 제1, 2항의 채무를 대등액에서 상계한다.
4. 피고는 원고에게 20●●. ●●. ●●.까지 위 차액 ■원을 지급한다. ~ (지연손해금)~

기타 조항

 조정조항 – 관련사건은 소를 취하하여 끝내기로 합의하는 경우

1. 피고는 원고에게 ~(금전지급 조항)~
2. 원고는 ○○법원 20○○카합○○○○ △△사건의 소를 취하하고, 피고는 이에 동의한다.

조정조항 – 가압류·가처분 사건이 있는 경우

1. 피고는 원고에게 ~(금전지급 조항)~
2. 원고는 피고로부터 제1항 기재 돈을 모두 지급받으면 즉시 ○○법원 20
   ○○카단○○○○ 채권가압류(또는 부동산가압류, 부동산처분금지가처분)
   사건의 신청을 취하하고, 집행을 해제한다.

 조정조항 – 채무불이행자명부등재 사건이 있는 경우

1. 피고는 원고에게 ~(금전지급 조항)~
2. 원고는 피고로부터 제1항 기재 돈을 모두 지급받으면 즉시 ○○법원 20
   ○○카불○○○○ 채무불이행자명부등재 사건의 신청을 취하한다.

 조정조항 – 조정기일 현재 재산명시신청 사건이 진행되고 있는 경우

1. 피고는 원고에게 ~(금전지급 조항)~
2. 원고는 피고로부터 제1항 기재 돈을 모두 지급받으면 즉시 ○○법원 20
   ○○카명○○○○ 재산명시 사건의 신청을 취하한다.

조정조항으로 보는 조정전략(skill)
- 부동산(토지 · 건물)관련 사건

부동산이 우리 삶에 미치는 영향이 크기 때문에 부동산을 두고 분쟁하는 당사자들이 겪는 고통이 참 큽니다. 서로에 대한 감정의 골이 깊기 때문에 조정하기 어렵다고 느낄 수 있습니다. 하지만 조정이 이루어질 경우 만족감 역시 큽니다. 대표적인 부동산 분쟁 사례를 통하여 어떤 부동산 분쟁이 있는지, 왜 조정이 필요한지 그리고 어떻게 조정할 수 있는지 살펴보겠습니다. 만일 지금 부동산과 관련된 분쟁으로 골치를 썩고 있다면 조정조항의 예시를 보며 나에게 맞는 조정전략을 생각해 보세요.

토지의 점유와 관련된 분쟁

[사례]

내소유 씨는 서울에 거주하는 평범한 회사원입니다. 돌아가신 아버지로부터 물려받은 시골 땅을 까마득하게 잊고 살다가 최근 승진에서 미끄러지면서 '이 참에 시골에 내려가 농사지으며 살아볼까' 하는 생각이 들어 5년 만에 고향을 방문합니다. 그런데 내 땅이라고 알고 있는 곳에 낯선 건물이 있습니다. 깜짝 놀라 수소문해보니, 아버지의 오랜 친구였던 현점유 씨가 건물 주인이라고 합니다. 내소유 씨가 현점유 씨를 찾아가 자초지종을 묻자, 현점유 씨는 농사일 하러 오며 가며 쉬려고 지은 건물에 불과하고, 땅주인이 친구의 아들이니 이 정도는 당연히 허락해주리라 생각했다는 겁니다. 그래도 내소유 씨가 현점유 씨에게 건물을 철거하고 땅을 돌려달라고 하니, 현점유 씨는 너무 야박하게 군다면 알아서 하라고 엄포를 놓습니다. 내소유 씨는 현점유 씨에게 ① 건물 철거, ② 토지 인도, ③ 차임 상당의 부당이득반환을 구하는 소송을 제기하였고, 사건이 조정에 회부되었습니다.

현점유 씨는 타인인 내소유 씨 소유 토지 위에 건물을 소유함으로써 권원 없이 토지를 점유하고 있습니다. 이 경우 현점유 씨는 내소유 씨의 토지소유권 행사를 방해하고, 토지사용료만큼 부당한 이득을 얻고 있지요. 현점유 씨는 섭섭한 마음이 크지만 달리 항변할 사유가 없자 건물을 철거하겠다고 합니다. 다만 올해 수확시기까지만 시간을 달라고 합니다.

간혹 상대방이 당장 또는 늦어도 한두 달 내에 건물을 철거하고 토지를 인도해준다면 조정할 생각이 있지만 그것보다 늦어질 것 같으면 조정은 싫고 그냥 판결을 받겠다고 말하는 분들이 있습니다. 그러나 조정을 하지 않아 사건이 소송으로 복귀될 경우 변론기일까지 상당히 긴 시간을 기다려야 하고, 판결이 언제 내려질지 알 수도 없습니다. 판결이 있더라도 상대방이 이행하지 않는다면 집행을 해야 하는 번거로움도 있습니다. 따라서 상대방이 자발적으로 건물을 철거하고, 토지를 인도할 수 있도록 철거와 인도할 시간을 넉넉하게 하는 것이 좋습니다. 차임 상당의 부당이득 부분을 감액하거나 포기하기로 양보하는 대신, 좀 더 빨리 토지를 인도받기로 할 수도 있겠지요. 내소유 씨가 제시하는 기한 내에 건물을 철거하고 토지를 인도한다면, 철거비용이나 이사비용을 부담해주기로 하는 것도 좋은 조정안입니다.

조정조항 – 건물철거, 토지인도 및 차임상당의 부당이득금 지급

1. 피고는 원고에게 20○○. ○○. ○○. 까지 별지 목록 제2항 기재 건물을 철거하고, 같은 목록 제1항 기재 토지를 인도한다.
2. 피고는 원고에게 20◎◎. ◎◎. ◎◎.부터 제1항 기재 철거 및 인도의무 이행완료일까지 매월 말일에 □원(당월분 차임 상당의 부당이득금임)씩 지급한다.

'차임 상당의 부당이득금'을 청구하는 이유가 돈을 받아야겠다는 의지보다는 상대방에게 심리적으로 압박을 주기 위한 경우가 종종 있습니다. 상대방이 돈을 조금이라도 덜 지급하려고 빨리 건물을 철거하고 토지를 인도할 테니까요. 사안으로 돌아가서, 내소유 씨도 돌아가신 아버지의 친구였던 현점유 씨로부터 돈까지 받으려니 마음이 불편하긴 합니다. 하지만 돈을 받지 않으려니, 현점유 씨가 올해 농사철이 끝났는데도 건물을 철거하지 않으면 어쩌나 하는 걱정이 듭니다.

이런 경우 피고는 자발적으로 건물을 철거하고 토지를 인도한다고 약속하고, 원고는 피고가 그 약속을 지키는 것을 조건으로 돈을 청구한 부분에 관하여는 포기하는 내용으로 조정할 수도 있습니다.

 조정조항 – 건물철거 및 토지인도를 조건으로 금전지급 청구를 포기하는 경우

1. 피고는 원고에게 20○○. ○○. ○○. 까지 별지 목록 제2항 기재 건물을 철거하고, 같은 목록 제1항 기재 토지를 인도한다.
2. 피고는 원고에게 20◎◎. ◎◎. ◎◎.부터 제1항 기재 철거 및 인도의무 이행완료일까지 매월 말일에 □원(당월분 차임 상당의 부당이득금임)씩 지급한다.

3. 만일 피고가 제1항 기재 의무 전부를 지체 없이 이행하는 경우, 원고는 피고에 대하여 제2항 기재 금전 지급채무를 면제한다.

　토지임대차계약을 체결하는 방법으로 조정할 수도 있습니다. 현점유 씨가 키우는 작물이 인삼이라고 가정해볼까요. 인삼은 여러 해 키워야 하죠. 현점유 씨는 내소유 씨에게 인삼을 수확할 때까진 건물을 꼭 사용하고 싶다고 말합니다. 토지 사용료를 지급할 테니 인삼을 수확할 때까지만 건물철거를 미뤄달라고 합니다. 그리고 철거하는 것도 돈이 드니 임대차계약이 끝날 때 건물을 무상으로 넘겨주겠다고 제안합니다. 내소유 씨도 아이들이 졸업할 때까진 서울에서의 생활을 정리하는 것이 쉽지 않습니다. 또 나중에 귀향하여 농사를 짓게 된다면 이 사건 건물이 있는 것도 좋겠다는 생각이 듭니다. 토지 임대차계약을 체결하기로 한다면 아래와 같이 조정할 수 있습니다.

 조정조항 – 토지 임대차 계약을 체결하는 경우

1. 원고와 피고는 별지 목록 제1항 기재 토지에 관하여 아래와 같은 내용으로 임대차계약을 체결한다.
　가. 기간 : 20○○. ○○. ○○.부터 20◎◎. ◎◎. ◎◎.까지
　나. 차임 : 월 □원(매월 ○일, 후불/선불로 지급함)
　다. 보증금 : ■원
2. 피고는 원고에게 20●●. ●●. ●●.까지 ■원(제1의 다항 기재 보증금임)을 지급한다(*제1항 기재만으로는 보증금을 지급하지 않을 경우 집행할 수 없기 때문에 위와 같은 조항을 넣을 수 있습니다).

조정조항 – 임대차 종료시 건물 소유권을 토지 소유자에게 이전하기로 하는 경우

3. 피고는 제1항 기재 임대 기간이 만료하는 즉시 원고에게,

　가. 별지 목록 제1항 기재 토지를 인도하고,

　나. 별지 목록 제2항 기재 건물에 관하여 이 사건 조정성립을 원인으로 한 소유권이전등기절차를 이행한다.

4. 만일 피고가 별지 목록 제1항 기재 토지 및 제2항 기재 건물을 인도한 후에 위 각 부동산에 남겨 놓은 물건이 있는 경우, 피고는 위 물건에 관한 일체의 권리를 포기하고, 원고가 이를 임의로 처분하는 것에 대하여 아무런 이의를 제기하지 아니한다(*향후 발생할 수 있는 분쟁을 방지하기 위하여 위와 같이 합의할 수 있습니다).

현점유 씨가 내소유 씨의 토지를 매수하는 방법도 있습니다. 후술하는 '누가 부동산의 소유권자인지 다툼이 있는 경우(취득시효 분쟁)' 부분을 참고하세요.

 분묘 관련 사건

분묘와 관련된 분쟁이 의외로 빈번하게 발생합니다. 특히 토지 소유자가 분묘를 수호, 관리하는 사람을 상대로 분묘를 없애달라고 청구하는 경우가 많지요. 토지 위에 있는 것이 건물이 아니라 분묘라는 점이 다르지만 토지 소유자의 소유권행사를 방해한다는 점이 앞서 살펴 본 사안과 같습니다. 조정에서 자주 사용하는 조항을 살펴보겠습니다.

1. 피고는 원고에게 20○○. ○○. ○○.까지 별지 목록 기재 토지 중 별지 도면 표시 ▲, … ,▲의 각 점을 차례로 연결한 선내 ◇ 부분 △㎡ 설치된 분묘 1기를 이장하고, 위 ◇ 를 인도한다.

2. 원고는 피고에게 20○○. ○○. ○○.까지 □원을 지급한다.[14]
3. 제1항과 제2항은 동시에 이행한다.

---

1. 피고는 원고에게,
   가. 20○○. ○○. ○○.까지 □원(20○○. ○○. ○○.부터 20●
       ●. ●●. ●●.까지의 차임)을 지급하고,
   나. 20◎◎. ◎◎. ◎◎.부터 별지 목록 기재 토지(분묘가 위치한
       부분)에 대한 원고의 소유권 상실일 또는 피고의 점유 종료일까
       지 매월 말일에 월 ■원의 비율로 계산한 돈을 지급한다.
2. 만약 피고가 제1의 가항 기재 돈 지급을 지체하거나, 제1의 나항 기
   재 돈 지급을 2기 이상 연체하는 경우, 피고는 원고에게 즉시 별지
   목록 기재 토지 중 별지 도면 표시 ▲, … ,▲의 각 점을 차례로 연
   결한 선내 ◇ 부분 △㎡ 설치된 분묘 1기를 이장하고, 별지 목록 기
   재 토지를 인도한다.

부동산 매매와 관련된 분쟁

이 책 서두의 '박사나 씨와 김소유 씨 사례'로 돌아가 볼까요. 두 사
람의 분쟁은 부동산 매매와 관련된 대표적인 사례입니다. 특히 요즘처
럼 부동산 가격이 불안정할 때는 더 자주 발생합니다. 박사나 씨와 김
소유 씨가 (조정실에 들어가기 전에 이 책을 읽었기 때문에) 모두 '조정으로

---

14) 원고가 피고에게 화해금 내지 이장비를 지급하기로 약정하는 경우 기재하는 조항
입니다. 피고의 자발적인 의무 이행을 담보하기 위하여, 제3항과 같은 동시이행조
항을 기재할 수 있습니다. 만약 피고가 제1항 기재 의무를 전부 지체 없이 이행하
는 것을 조건으로 돈을 지급하기로 약정하고 싶다면, 제2항을 '피고가 제1항 기재
의무 전부를 지체 없이 이행하는 경우, 원고는 피고에게 즉시 □원을 지급한다.'
라고 기재할 수 있습니다.

문제를 해결해야겠다.'고 마음먹었다고 가정해봅시다.[15]

매매계약의 효력을 유지시키로 하는 방법

박사나 씨가 알아보니 아파트 가격이 정말 많이 올랐고, 앞으로도 많이 오를 것 같습니다. 다행히 박사나 씨는 대출이 아닌 다른 방법으로 잔금을 치를 돈이 생겼습니다. 김소유 씨는 법원에서 온 소장을 받아보고 '박사나 씨가 대출받는데 협조를 할 걸 그랬나.'하는 마음이 들었습니다. 소송을 계속 하기에는 지금 살고 있는 집의 대출이자를 감당하기 어려웠나 봅니다.

그렇다면 매매대금을 조금 더 올려 매매계약의 효력을 유지하는 내용으로 조정을 해보면 어떨까요? 박사나 씨 입장에서는 패소판결을 받을 경우 이미 지급한 계약금 3,000만 원을 돌려받지 못할 수도 있습니

---

15) 이 사안은 부동산 매매계약의 '해제'를 주장하는 경우입니다. 사안에 따라서는 부동산 매매계약의 '무효'나 '취소'를 주장하거나, 매매계약이 '성립조차 하지 않았다.'고 주장하는 경우가 있습니다. 이런 경우에도 기본적으로 비슷한 방법으로 조정하면 됩니다.

다. 반대로 박사나 씨가 승소판결을 받을 경우, 김소유 씨 입장에서는 박사나 씨에게 계약금으로 받은 3,000만 원에 자기 돈 3,000만 원을 보태어 주어야 합니다. 그렇다면 박사나 씨가 돌려받지 못할 수도 있는 3,000만원 중 일부를 올린 매매대금으로 더 보태면, 두 사람 모두 위와 같은 위험부담으로부터 벗어날 수 있을 것입니다. '모 아니면 도다. 판결부터 받고 보자'라고 생각하기보다는 조금씩 양보하여 서로 윈－윈하는 조정을 할 수 있습니다.

 조정조항 – 매매계약의 내용을 변경하여 효력을 유지하기로 하는 방법

1. 원고와 피고는 별지 목록 기재 부동산에 관한 20○○. ○○. ○○.자 매매계약에 따른 매매대금을 □원에서 ■원으로 변경하였고, 피고는 원고로부터 위 ■원 중 △원을 이미 지급받았음을 확인한다.
2. 가. 피고는 원고에게 20○○. ○○. ◎◎.까지 별지 목록 기재 부동산에 관하여 20○○. ○○. ○○.자 매매를 원인으로 한 소유권이전등기 절차를 이행한다.
   나. 원고는 피고에게 20○○. ○○. ◎◎.까지 나머지 매매대금 ○원을 지급한다.
   다. 가항과 나항은 동시에 이행한다.

매매계약을 해제하는 방법

박사나 씨는 마음에 쏙 드는 다른 아파트를 찾았고, 그 집 주인의 협조로 문제없이 대출을 받았습니다. 그런데 매매대금이 더 비싸서, 대출을 받아도 3,000만 원이 부족할 것 같습니다. 박사나 씨는 추가 신용대출이라도 알아봐야 하나 고민하였습니다. 김소유 씨는 3개월 뒤 결혼할

자녀에게 보태어 주려고 3,000만 원짜리 적금을 들고 있습니다. 다음 달에 만기일이 도래하여 적금을 탈 예정입니다. 김소유 씨는 '소송에서 질 수도 있겠다.'는 생각을 하며, 적금을 타면 소송이 끝날 때까지 일단 가지고 있어야 하나 생각하였습니다.

이런 경우 두 사람 사이의 매매계약은 없었던 것으로 하고, 김소유 씨가 박사나 씨에게 계약금 전부 또는 일부를 돌려주는 내용으로 조정할 수 있을 것입니다. 박사나 씨나 김소유 씨에게 100% 만족스러운 조정은 아니겠지만, 두 사람 모두에게 합리적인 해결방법이 될 수 있습니다.

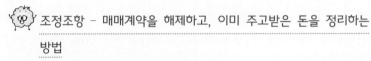 조정조항 - 매매계약을 해제하고, 이미 주고받은 돈을 정리하는 방법

1. 원고와 피고는, 원고와 피고 사이에 20○○. ○○. ○○. 별지 목록 기재 부동산에 관하여 체결된 매매계약이 20○○. ○○. ◎◎.(*조정일자입니다.)합의(*또는 조정으로)로 해제되었음을 확인한다.
2. 피고는 원고에게 20○○. ◎◎. ◎◎.까지 □원을 지급한다. ~ (지연손해금)~

누가 부동산의 소유권자인지 다툼이 있는 경우(취득시효 분쟁)

'누가 특정 부동산의 소유권자인가'를 다투는 가장 대표적인 예는 취득시효 분쟁입니다.[16] 김내땅 씨와 최이젠 씨 사이의 분쟁을 보겠습니다. 김내땅 씨(A토지 소유자)와 최이젠 씨는 사이좋은 오랜 이웃입니다. 김내땅 씨는 집을 다시 짓는 과정에서 최이젠 씨의 집 일부가 A토지 위

---

16) '소유권 취득시효'란, 타인의 물건을 일정기간 계속하여 점유하는 자에게 소유권을 취득하게 하는 제도입니다. 소유자로 등기되어 있지 않은 점유자는 특정 부동산을 '① 소유의 의사로, ② 평온·공연하게, ③ 20년 이상 점유한다'라는 요건을 모두 갖추고, '등기를 경료'함으로써 그 부동산의 소유권을 취득합니다(민법 제245조).

에 있다는 걸 알게 됩니다. 그 면적이 작지 않아 김내땅 씨는 지금이라도 찾아와야겠다고 생각합니다. 김내땅 씨는 최이젠 씨에게 어렵사리 땅을 돌려달라고 말했고, 최이젠 씨는 조금만 생각할 시간을 달라고 합니다. 그러던 중 김내땅 씨는 법원에서 날라 온 소장을 보고 깜짝 놀랍니다. 소장에는, 최이젠 씨(원고)가 김내땅 씨(피고)에게 이젠 취득시효가 완성되었으니 소유권이전등기를 해달라고 적혀있습니다.

이 사건이 조정에 회부되었다고 가정해볼까요. 김내땅 씨는 20년이 넘도록 분쟁토지가 최이젠 씨의 것이라고 알고 살았지만 사는데 불편이 없었고, 소송이 되어 최이젠 씨 가족과 사이가 나빠질까봐 걱정입니다. 그래도 알게 된 이상 토지를 그냥 넘겨주기엔 아쉬운 마음이 있습니다. 한편 최이젠 씨는 소송에서 지면 집을 철거해야 한다는 생각에 마음이 갑갑합니다. 만약 소송에서 이기더라도 김내땅 씨로부터 공짜로 소유권이전등기를 받는 과정이 걱정됩니다.

최이젠 씨의 주장을 인정하는 판결이 나면, 김내땅 씨는 최이젠 씨에게 무상으로 소유권이전등기를 경료해주어야 합니다. 반대로 최이젠 씨의 주장을 인정하지 않는 판결이 난다면, 최이젠 씨는 멀쩡한 집 일부를 비용을 들여 철거해야 합니다. 어느 쪽이든지 두 사람의 사이가 나빠지는 건 당연합니다. 이런 경우 합리적인 조정방법 중 하나는 두 사람이 문제되는 땅을 매매하는 것입니다.[17] 두 사람 모두 판결결과에 따른 위험부담에서 벗어나고, 분쟁으로 나빠진 이웃관계를 회복할 수 있습니다.

---

17) 취득시효를 원인으로 소유권이전등기를 구하는 사안의 경우, 분쟁 토지를 매매하는 방법 외에도 ① 피고가 원고에게 소유권 이전등기절차를 이행하되, 등기절차상 발생하는 비용과 세금 등을 원고가 부담하는 방법, ② 피고 소유 토지임을 확인하면서, 원고와 피고 사이에 분쟁 토지 부분에 '건물 소유를 위한 토지 임대차계약'을 체결하는 방법(앞서 살펴보았던 '토지의 점유와 관련된 분쟁' 부분 참조), ③ 원고가 소를 취하하거나 청구를 포기하는 방법 등이 있습니다.

조정조항 - 취득시효 여부가 문제되는 토지를 매매하는 방법

1. 피고는 원고에게 별지 목록 기재 토지 중 별지 감정도 표시 1, 2, 3, …, 8, 1의 각 점을 순차 연결한 선내 '가'부분 ○㎡을 □원에 매도하고, 원고는 이를 매수한다.
2. 가. 원고는 피고에게 20○○. ○○. ○○.까지 □원을 지급한다.
   나. 피고는 원고에게 20○○. ○○. ○○.까지 제1항 기재 선내 '가'부분 ○㎡에 관하여 분필등기를 한 다음 20○○. ◎◎. ◎◎.(*조정일자)자 매매를 원인으로 한 소유권이전등기 절차를 이행한다.
   다. 가항과 나항은 동시에 이행한다.

다만 매매하고자 하는 토지가 관련 법령상 분필 가능한 최소면적에 미달하는 경우에는 위와 같이 조정을 하더라도 매수인이 토지를 분필하여 소유권이전등기를 경료하는 것이 어려울 수 있습니다. 따라서 사전에 이 부분에 관하여 반드시 확인해보아야 합니다.

공유물분할을 구하는 다툼의 경우

공유물의 분할은 일차적으로는 당사자 사이의 협의에 의합니다. 그러니 법원에서 공유물분할을 두고 다툰다면 공유자 간에 협의가 잘 이루어지지 않아서 입니다(민법 제269조 제1항). 공유물분할청구 소송은 '형식적 형성의 소'이기 때문에 법원은 청구취지에 구속되지 않고 합목적적으로 판단하여 분할방법을 정합니다. 따라서 공유자들이 원하지 않는 방법으로 공유물이 분할될 수도 있습니다. 또 소송 도중에 당사자들의 사정이 바뀔 수도 있습니다. 그러므로 이미 공유물분할청구 소송을 시작하였더라도 공유자들 각자 자기에게 가장 이익이 되는 방법으로 조정을 시도할 수 있습니다.

이절반 씨와 정반반 씨는 A토지를 1/2 지분씩 소유하고 있습니다. 이절반 씨가 A토지를 처분하고자 하는데, 정반반 씨가 이를 거부합니다. 이절반 씨가 정반반 씨를 상대로 공유물분할청구 소송을 제기한 뒤 사건이 조정에 회부되었다고 가정해 볼까요.

일부 공유자는 공유지분 전부를, 나머지는 그 대가로 돈을 받는 방법

이절반 씨는 사업상 급히 돈이 필요합니다. A토지의 지분이라도 매도하려고 했으나 쉽지 않습니다. 반면 정반반 씨는 A토지가 향후 크게 개발되리라고 전망합니다. 정반반 씨는 이절반 씨에게 A토지의 개발이 이루어질 때까지 기다리자면서, A토지 처분을 반대하고 있습니다.

이 경우 정반반 씨가 A토지를 단독소유하고, 이절반씨은 그의 지분 상당의 대가를 정반반 씨로부터 돈으로 받는 내용으로 조정할 수 있습니다. 이절반 씨는 급한 돈을 융통할 수 있고. 정반반 씨는 개발로 인하여 A토지의 시가가 상승할 경우 그 시세차익을 전부 가질 수 있기 때문에 두 사람 모두에게 합리적인 조정이라 할 수 있습니다.

 조정조항 – 일부는 공유지분 전체를, 나머지는 그 대가로 돈을 받는 방법

1. 원고와 피고는, 20○○. ○○. ○○.(*조정일자) 원고와 피고의 공유인 별지 목록 토지를 피고의 단독 소유로 하는 것으로 하고, 이에 따라 원고가 취득하는 대가를 □원으로 정한다.

2. 가. 피고는 원고에게 20○○. ◎◎. ◎◎. 까지 제1항 기재 □원을 지급한다.
   나. 원고는 피고에게 20○○. ◎◎. ◎◎. 까지 별지 목록 기재 토지 중 원고 소유 지분에 관하여 제1항의 공유물분할을 원인으로 한 소유권 이전등기절차를 이행한다.
   다. 가항과 나항은 동시에 이행한다.

제3자에게 매도하고, 받은 매매대금을 나누는 방법

이절반 씨는 이민자금이 필요합니다. 이민을 가면 한국에 있는 A토지를 관리하기가 어렵기 때문에 처분을 원합니다. 정반반씨는 A토지의 시가 상승을 예상하여 이절반씨의 처분 제안을 거부했었는데, 사건이 조정에 회부되기 전에 갑자기 돈이 필요하게 됩니다. 그런데 현금화를 위하여 A토지를 경매에 부친다면, 부동산의 평가절하 또는 유찰 등의 위험이 있습니다. 따라서 당사자 모두 현금화를 희망하는 경우 공유물을 제3자에게 매도하고, 그로부터 받은 매매대금을 적절하게 나누는 방법으로 조정을 시도할 수 있습니다.

만약 이절반씨가 1년 후에 이민을 가야 하므로, 안정적인 자금 확보를 위하여 A토지가 제3자에게 매도되기를 계속 기다릴 수 없는 상황이라고 가정해볼까요. 그런데 부동산은 매수하려는 사람이 있어야 매도할 수 있습니다. 그렇다고 팔릴 때까지 마냥 기다릴 수도 없는 경우가 있지요. 제3자에 대한 매도를 시도하는 기간을 한정하고, 그 사이 매도하지 못할 경우에는 그 공유물을 경매에 부치기로 정할 수도 있습니다.[18]

 조정조항 – 제3자에게 임의로 매도하여 매매대금을 분배하는 경우

1. 원고와 피고는 20○○. ○○. ○○.까지 별지 목록 기재 건물을 제3자에게 매도하여 그 매매대금을 원고와 피고가 각 1/2(*공유지분비율에 의하거나

---

18) 이 밖에 공유관계를 종료하기 위해 ① 공유물을 지분에 따라 현물 그대로 분할하는 방법, ② 공유물을 경매에 부쳐 그 매각대금을 분배하는 방법으로 조정할 수 있습니다. 특히 ① 현물분할의 경우, 당사자 사이에 이미 분할선에 관한 대략적인 합의가 있는 경우, 조정기일 이전에 한국국토정보공사에서 시행하는 분할측량을 거친 후 그 감정서를 제출하는 것이 좋습니다. 이 감정서를 기초로 보다 신속하게 조정할 수 있기 때문입니다.

당사자간에 그 지분비율과 달리 정할 수 있습니다.)의 비율로 분배한다.
2. 만약 제1항의 매도가 위 기한까지 이루어지지 않을 경우, 원고와 피고는 위 부동산을 경매에 부쳐 그 매각대금에서 경매비용을 공제한 나머지 금액을 제1항의 비율에 따라 분배한다.

원고와 피고의 합의 하에 위 매도기한을 연장할 수 있다는 내용의 조정조항을 추가하는 것도 좋은 방법입니다.

부동산 자체를 나누는 방법

이절반 씨와 정반반 씨가 열심히 조정을 시도하였으나 합의점을 찾지 못해 결국 A토지 자체를 나누기로 조정할 수도 있습니다. 이를 현물분할이라고 합니다. 여기서 주의할 점이 있습니다. 현물분할의 경우 각자 단독으로 소유하기로 한 부분을 명확하게 특정해야 합니다. 따라서 조정절차에서 현물로 분할하는 경우에도 반드시 한국국토정보공사(구 대한지적공사)에 의한 측량감정이 있어야 합니다.

또 놓치지 말아야 할 점이 있습니다. 공유물을 현물분할하기로 조정이 성립하는 경우 판결과는 달리 그 자체만으로 막바로 공유관계가 소멸하지는 않습니다. 협의에 따라 새로운 법률관계가 창설되지 않기 때문입니다. 따라서 협의한 대로 토지의 분필절차를 마친 후 각자 단독소유하기로 한 부분에 관하여 다른 공유자의 공유지분을 이전받아 등기를 마쳐야 비로소 그 부분에 대한 소유권을 취득하게 됩니다.[19] 따라서 부동산 자체를 나누는 현물분할의 경우, 조정조항에는 분할소유 표시 외에 지분이전등기절차의 이행조항도 함께 기재되었는지 확인해야 합니다.

---

19) 대법원 2013. 11. 21. 선고 2011두1917 전원합의체 판결 참조.

조정조항 – 공유자들이 부동산 자체를 나누어 가지는 경우

1. 원고와 피고는 20○○. ○○. ○○.(*조정일자입니다.) 원고와 피고의 공유인 별지 목록 기재 토지에 관하여 공유물분할을 하고 다음과 같이 각자의 단독소유로 한다.
   가. 원고의 소유 부분 : (…생략…)
   나. 피고의 소유 부분 : (…생략…)
2. 원고와 피고는 제1항과 같이 분필등기를 한 다음 각각의 소유부분에 관하여 제1항의 공유물분할을 원인으로 한 소유권이전등기절차를 이행한다.

 비슷한 듯 다른 구분소유적 공유관계

간혹 구분소유적 공유관계를 해소하기 위하여 '공유물분할 청구'를 하는 분들이 있습니다. 그러나 이때는 공유물분할 청구가 아닌 '명의신탁해지를 원인으로 한 소유권지분이전등기청구'를 해야 합니다. 왜 그럴까요?

구분소유적 공유관계란 '여러 명이 하나의 부동산 중 일부를 각자 특정하여 소유하면서, 그 등기는 부동산 전체에 관하여 공유지분등기를 하는 경우'입니다. 개념이 어렵죠? '내가 지금 혼자 쓰고 있는 땅에 한해서는, 등기부상 네가 지분권자로 되어 있지만, 사실은 다 내거야, 그냥 지분 등기만 너의 이름으로 되어 있는 거야.' 이런 개념입니다. 따라서 특정하여 단독으로 소유하는 부분에 대해서는 등기상으로 서로에게 지분을 명의신탁한 관계가 됩니다. 그래서 공유물분할 청구가 아닌 '명의신탁해지를 원인으로 한 소유권지분이전등기청구'를 해야 하는 것이죠.

이 두 가지 청구 방식을 구분하는 이유는 무엇일까요? 공유물분할 사건은 필수적 공동소송이고, 법률관계의 합일확정이 필요하다는 점을 바로 앞에서 살펴보았습니다. 그러나 명의신탁해지를 원인으로 한 소유권이전등기 사건의 경우는 필수적 공동소송이 아닙니다. 따라서 소유자는 소유권에 기하여 공유지분권자들 각각을 상대로 명의신탁을 해지하여 그 공유지분등기의 이전을 청구할 수 있고, 반드시 공유지분권자들 전부를 상대로 한꺼번에 명의신탁을 해지를 원인으로 공유지분이전등기를 청구해야 할 필요는 없습니다.

부동산 분쟁에 관한 특약사항

부동산 등기에 관해서는 미리 주의하여야 할 부분이 있습니다. 소유권이전등기를 이행하는 경우 그 과정에서 등기비용 등이 발생합니다. 공유물을 현물로 분할하는 경우에는 앞서 살펴본 것처럼 등기비용 외에도 측량감정, 분필에 따른 비용이 발생하지요. 조정 당시 이 점을 간과하고 합의를 하면, 나중에 비용 등을 누가, 얼마나 부담할지에 대해 다시 분쟁이 발생할 수 있습니다. 따라서 이 부분을 미리 합의하여 조정조항에 포함시키면 좋습니다. 이런 내용을 담은 조항을 특약조항이라고 합니다. 다만 이런 특약조항의 내용은 강행법규나 공서양속에 반하지 않아야 합니다.

 조정조항 - 특약조항

2. 피고는 별지 목록 기재 부동산에 관하여 20○○. ○○. ○○. 이후에 발생하는 제세공과금을 부담한다.

 조정조항 - 특약조항

2. 제1항 기재 등기로 인하여 발생하는 등기절차비용은 원고가, 분필절차비용은 피고가 각 부담한다.

주위토지통행권확인을 구하는 경우

특정 토지와 공로 사이에 통행할 통로가 없는 경우, 그 특정 토지의 소유권자가 주위 토지의 소유권자에게 통행하게 해달라고 구하는 분쟁이 생깁니다.[20] A토지의 소유자인 김통행 씨가 공로로 가기 위해서는 나주위 씨 소유의 B토지를 지나야 한다고 가정하겠습니다. 김통행 씨는 나주위 씨에게, B토지를 지나지 않고서는 자신의 땅으로 갈 수 없으니 어쨌거나 통행을 하겠다고 합니다. 나주위 씨는 "내 땅인데, 왜 김통행이 마음대로 지나다니는 거냐, 이런 법이 어디 있나."라고 말합니다.

통행사용료를 지급하기로 하는 경우

김통행 씨는 주위토지통행권이 인정되지 않을 경우 A토지를 제대로 사용하지 못하는 건 물론 그 토지의 가치가 떨어지게 될까봐 걱정하고 있습니다. 나주위 씨는 '김통행에게 주위토지통행권이 인정되어 B토지에 도로까지 새로 개설하겠다고 하면 어쩌나.'하고 마음을 졸입니다. 어떤 판결이 나더라도 두 사람이 사이좋은 이웃이 되기는 어렵겠지요. 주위토지통행권이 인정되더라도 김통행 씨는 나주위 씨에게 손해를 보상하여야 합니다(민법 제219조 제2항). 이런 사정을 고려하여 나주위 씨가 B토지를 꼭 필요한 범위 내에서 통행하되, 김통행 씨에게 통행사용료를 넉넉하게 지급하는 내용으로 조정할 수 있습니다.

---

20) 이를 '주위토지통행권 확인'을 구하는 사건이라고 합니다. 주위토지통행권은 어느 토지와 공로 사이에 필요한 통로가 없는 경우 그 토지소유자가 주위의 토지를 통행할 수 있는 권리입니다. 주위토지통행권은 주위토지를 통행 또는 통로로 하지 않으면 공로에 출입할 수 없거나 과다한 비용을 지출해야 할 때 인정됩니다. 토지를 통행하거나 필요한 경우에는 통로를 개설할 수도 있습니다. 그러나 통행지 소유자에게 손해가 가장 적은 장소와 방법을 선택하여야 합니다(민법 제219조 제1항 후단).

조정조항 – 통행사용료를 지급하는 방법

1. 원고와 피고는 이 사건 분쟁에 이르게 된 점에 관하여 서로에게 진심으로 유감을 표한다. 원고와 피고는 이 사건 분쟁으로 상처 입은 이웃관계를 회복하여 향후 서로에게 적극적으로 협력하는 관계가 되기 위하여 함께 노력하는 의미로 아래와 같이 서로 양보하여 합의하기로 한다.21)

2. 가. 피고는 원고에게 별지 목록 기재 토지 중 별지 도면 표시 선내 (가)부분 △㎡에 관하여 통행권이 있음을 확인한다.

   나. 피고는 위 선내 (가)부분 △㎡ 지상에 원고의 통행에 방해가 되는 장애물을 설치하거나 기타 통행에 방해가 되는 행위를 하지 아니한다.

3. 원고는 피고에게 20○○. ○○. ○○.부터 원고의 위 선내 (가)부분 △㎡의 통행을 종료하는 날 또는 피고가 위 선내 (가)부분 △㎡의 소유권을 상실하는 날까지 매년 ○. ○.에 □원(제2항의 통행 대가임)을 지급한다.22)

통행방법을 특정하는 경우

김통행 씨와 나주위 씨는, 김통행 씨가 B토지를 통행하는 방법을 미리 정할 수도 있습니다.

---

21) 당사자 사이의 감정적 대립이 크거나 당사자들이 분쟁으로 인하여 큰 고통을 받는 사건들이 있습니다. 이런 경우에는 서로 사과하거나 앞으로 좋은 관계를 갖기를 희망하는 의사표시를 조정조항에 넣을 수 있습니다. 사과조항은 강제력은 없지만, 분쟁으로 고통받은 당사자들의 마음을 보듬어 주고 서로 과거보다는 미래에 집중할 수 있도록 도와줍니다.

22) 정기적으로 통행료를 지급하는 방법 대신 한 번에 일정 금액의 돈을 지급하는 방법으로 조정할 수도 있습니다.

조정조항 – 통행방법을 특정한 경우

1. 피고는 원고에게 별지 목록 기재 토지 중 별지 도면 표시 선내 (가)부분 △㎡에 관하여 통행권이 있음을 확인하고, 원고가 통행하는 것을 방해하지 아니한다. 단, 원고가 이용하는 도로의 폭은 1.5m~2m 사이로 하고, 원고는 도로의 폭을 넓히거나 새로 포장하는 등 일체의 도로 확장행위를 하지 아니한다.

(또는)

4. 원고는 제2항 기재와 같이 통행을 함에 있어 아래와 같은 통행방법을 준수하여야 한다.

　가. 통행목적은 경작을 위한 보행 및 경운기 등 농기계의 출입으로 한정한다.

　나. 위 선내 (가)부분 및 선내 (나)부분에 포장을 하거나 자갈 등을 깔 수 없고 현재의 흙길 상태대로 통행한다.

이 외에도 나주위 씨가 B토지 중 김통행 씨가 통행하기를 원하는 부분을 포함한 일부 토지를 분할한 후에, 김통행 씨와 나주위 씨가 이 부분을 매매하는 방법도 있습니다. 앞서 살펴본 '조정조항－취득시효 여부가 문제되는 토지를 매매하는 방법'에서 소개한 내용을 참고하세요.

조정조항으로 보는 조정전략(skill)
- 임대차 사건

　이번에는 임대인과 임차인 사이의 분쟁은 어떻게 윈－윈으로 분쟁을 끝낼 수 있는지 짚어 보겠습니다.

　'다른 사건은 몰라도 이 사건만은 조정으로 해결해야 한다.'라고 할 수 있는 분쟁 유형을 하나 꼽는다면 바로 임대차 사건입니다.23) 매매계약과 비교해볼까요? 매매계약은 매도인과 매수인이 매매계약을 체결하고, 그에 따라 매도인은 매매한 목적물을, 매수인은 매매대금을 상대방에게 주고 나면, 특별한 사정이 없는 한 둘 사이의 관계는 끝납니다. 서로 다시 볼 일이 없습니다. 하지만 임대인과 임차인의 관계는 다릅니다. 임대차계약은 임대기간 종료시까지 그 효력이 유지됩니다. 임대인과 임차인 모두 서로에 대한 신뢰가 있어야 합니다. 만약 서로에 대한 신뢰가 깨진다면, 임대차 기간이 종료할 때까지 둘 사이에 언제든지 법률분쟁이 발생할 수 있습니다.

---

23) 임대차계약은 당사자 일방이 상대방에게 목적물을 사용·수익하게 할 것을 약정하고, 상대방이 이에 대하여 차임을 지급할 것을 약정하는 것입니다(민법 제618조). 차임(월세)을 지급하고 주거를 목적으로 집을 빌리는 경우를 '주택임대차', 영업 등을 목적으로 상가건물을 빌리는 경우를 '상가임대차'라고 이해하면 됩니다.

임대차 분쟁이 조정으로 빨리 끝나야 하는 이유!

예를 들어볼까요. 임대인은 임차인이 건물을 원래대로 회복하여 인도하지 않았으니 임대차계약이 아직 끝나지 않았다고 주장하면서 임차인에게 연체한 차임을 달라고 합니다. 반면에 임차인은 그 정도면 원상복구를 다 하였으니 임대차는 이미 끝났고, 당연히 주어야 할 차임도 없다고 합니다.

판결로 가면 어떻게 될까요? 만약 임대인 주장대로 임대차가 끝나지 않았다고 하는 판결이 확정된다면, 임차인은 건물을 실제로 사용하지도 못했는데 그동안의 차임을 모두 지급해야 됩니다. 원상복구도 다시 해야 합니다. 반대로 임차인의 주장이 받아들여져 임대차가 이미 종료되었다고 하면 어떻게 될까요. 임대인은 아직 임대차가 존속하고 있다고 주장하고 있기 때문에 판결이 확정될 때까지 그 건물을 다른 사람에게 임대하지 못했을 것입니다. 그러니 임대인은 판결이 나올 때까지 차임도 받지 못하고 건물을 공실로 둔 것이지요. 더구나 판결문을 받기까지는 생각보다 많은 시간이 소요됩니다. 패소한 쪽은 소송비용도 부담해야 합니다.

임대인과 임차인이 따로 기간을 정하지 않은 경우 임대차기간은 주택임대차의 경우는 2년, 상가임대차의 경우는 1년입니다.24) 따라서 판결이 나기도 전에 원래 당사자끼리 정한 임대차기간이 종료되는 경우도 있습니다.

임대인과 임차인은 지금 당장의 분쟁상황보다는 조정이 이루어지지 않아 판결을 받아야 할 때 발생할 수 있는 손해 및 손실까지 내다보아야 합니다. 어떤가요? 임대차 분쟁은 서로에게 조금 더 양보하여 조정으로 신속하게 해결하는 것이 합리적이겠지요.

아래에서는 임대장 씨(임대인)과 차인포 씨(임차인)의 임대차 분쟁을

---

24) 임대차의 경우 민법에도 그에 관한 규정이 있지만(민법 제618조 이하), 임차인의 보호를 위하여 마련된 특별법이 있는 경우에는 그 특별법을 우선하여 적용합니다. 주택임대차의 경우는 '주택임대차보호법'이, 상가임대차의 경우는 '상가건물 임대차보호법'이 특별법으로써 우선 적용됩니다.

살펴보겠습니다. 두 사람이 분쟁을 조정으로 해결하는 과정을 보면서, 내 임대차 사건은 어떻게 조정해야 할지 전략을 세워보세요.

🐑 사례

임대장 씨는 세정시에 소위 '똘똘한 한 채'라 말하는 상가건물을 가지고 있습니다. 차인포 씨는 세정시에 정부 산하 기관이 대거 이전했다는 소식을 듣고 한식당을 운영하려고 임대장 씨와 임대차계약을 체결했습니다. 차인포 씨는 비싼 차임이 부담이 되었지만 예상대로 가게를 찾는 기관 직원들이 많아 별문제 없이 가게를 운영하였습니다. 그러다 갑자기 차인포 씨가 운영하는 한식당을 찾는 손님의 발길이 뚝 끊깁니다. 같은 상가 건물에 새로운 음식점이 생겼는데, 밥값도 저렴하고 맛도 좋다고 합니다. 차인포 씨의 한식당 영업매출이 크게 떨어지면서, 차인포 씨는 차임 지급을 못하게 됩니다.

임대차계약의 조건을 변경하는 방법

앞서 보았듯이 임대차는 계속적인 법률관계입니다. 주택임대차보호법과 상가건물 임대차보호법에서는 임차인에게 '계약갱신 요구권'을 인정하고, 임대차계약이 갱신되면 임대차기간이 길어지므로 계약기간 도중

에 여러 가지 사정변경이 있을 수 있습니다.[25)]

차인포 씨의 한식당을 찾는 손님이 줄어들었고, 차인포 씨는 임대장 씨에게 차임을 내지 못하게 됩니다. 임대장 씨는 차인포 씨를 상대로 밀린 차임을 지급하라는 소송을 제기하였고, 사건이 조정에 회부되었다고 가정해 보겠습니다. 어떻게 조정하면 좋을까요? 차인포 씨는 임대장 씨에게 영업매출이 감소된 사정을 설명하면서 임대차계약의 조건(차임, 기간 등)을 변경해달라고 제안해 볼 수 있습니다. 임대인과 임차인은 상생하는 관계입니다. 임대장 씨도 차인포 씨의 사정을 이해하고 합리적인 범위 내에서 제안을 받아들일 수 있습니다.

 조정조항 – 계약조건의 변경

1. 원고와 피고는 별지 목록 기재 각 부동산에 관하여 20○○. ○○. ○○. 체결된 이 사건 임대차계약 중 일부 내용을 다음과 같이 변경한다.
   가. 임대차기간 종료일은 20○○. ◎◎. ◎◎.로 한다.
   나. 차임은 20○○. ○○. ◎◎.부터 20○○. ◎◎. ◎◎.까지 매월 □원(부가세포함)으로 한다.
   다. 보증금을 □원으로 증액(또는 감축)하기로 한다.

위 표에 기재된 임대차계약 조건 외에 임대인과 임차인이 정할 수 있는 사항이라면 다른 조건도 변경할 수 있습니다. 보증금의 액수를 변경

---

25) • 만약 상가건물의 임대차계약이 2018. 10. 16. 이후에 최초로 체결되거나 갱신되는 경우, 임차인은 최초의 임대차기간을 포함한 전체 임대차기간이 10년을 초과하지 아니하는 범위 내에서 계약갱신요구권을 행사할 수 있습니다[상가건물 임대차보호법 제10조 제2항, 부칙(2018. 10. 16. 제15791호) 제2항].
   • 주택임대차의 경우 임대인이 계약갱신 요구를 거절할 정당한 사유가 없다면, 임차인은 계약갱신요구권을 1회 행사할 수 있으며, 이 경우 갱신되는 임대차의 존속기간은 2년으로 봅니다(주택임대차보호법 제6조의 3 제2항).

하기로 했는데, 임대인이 보증금 일부를 반환하지 않거나 임차인이 보증금을 추가로 지급하지 않는다면 위 '제1항'만으로는 집행이 불가능합니다. 따라서 이 경우 아래와 같은 '돈을 지급한다는 내용의 이행조항'이 기재되어 있는지 확인해야 합니다.

 조정조항 - 보증금을 깎기로 하는 경우

2. 원고는 피고에게 20○○. ○○. ○○.까지 □원(원고가 이미 지급받은 보증금에서 변경된 보증금을 공제한 나머지 돈)을 지급한다. ~(지연손해금)~

 조정조항 - 보증금을 올리기로 하는 경우

2. 피고는 원고에게 20○○. ○○. ○○.까지 □원(변경된 보증금에서 피고가 이미 지급한 보증금을 공제한 나머지 돈)을 지급한다. ~(지연손해금)~

연체한 차임을 지급하는 방법

임대장 씨는 차인포 씨가 차임을 지급하지 않으니 임대차계약을 해지하겠다고 하지만,[26] 내심 새로운 임차인을 찾을 수 있을지 걱정입니다. 새로운 임차인을 구하더라도 중개수수료를 지불해야 하는데 그 돈이면 차라리 차인포 씨에게 밀린 차임을 깎아주는 편이 낫지 않을까도 생각해 봅니다. 반면, 차인포 씨는 근사하게 해 놓은 인테리어를 돈 들여 철거하고 나가야 한다는 생각에 마음이 무너집니다. 다른 곳으로 이사할 일도 막막합니다. 이처럼 임대차계약이 해지되면 임대인과 임차인

---

26) 참고로 주택임대차는 2기 이상 차임을 연체하는 경우(민법 제640조), 상가임대차는 3기 이상의 차임을 연체하는 경우 임대인은 임대차계약을 해지하겠다고 주장할 수 있습니다(상가건물 임대차보호법 제10조의 8)

모두 지불해야 할 추가적인 비용이 발생됩니다.

위 사례와 같은 경우 임대인은 임차인에게 그 동안 밀린 월세를 지급할 기회를 한 번 더 줄 수 있습니다. 다만 차임지급을 지체할 정도라면 임차인의 경제 사정이 어려운 경우가 많을 것입니다. 임대인은 앞서 보았던 다양한 돈 지급방법에 따라 임차인이 감당할 수 있는 방법(분할하거나 탕감하는 방식)으로 밀린 차임을 달라고 제안할 수 있습니다. 임차인 역시 자신의 사정을 잘 검토하여 임대인에게 지킬 수 있는 방법으로 돈을 지급하겠다고 제안하여야 합니다. 임대차관계는 신뢰를 바탕으로 하는 것이니까요.

 조정조항 – 밀린 차임을 지급하는 방법

1. 피고는 원고에게 20○○. ○○. ○○.까지 □원[20○○. ○○. ◎◎.부터 20○○. ◎◎. ◎◎.까지의 차임(부가세 포함) 및 관리비임]을 지급한다. ~(지연손해금)~

조정신청서나 소장에 기재된 차임이 신청서나 소장을 제출한 때를 기준으로 계산한 금액이라면, 그때부터 조정기일까지의 사이에도 연체 차임이 발생합니다. 또 임대차계약을 종료시키지 않기로 한다면 조정일 이후에도 계속하여 차임 등이 발생합니다. 따라서 당사자들이 정한 돈이 언제부터 언제까지의 차임을 조정한 것인지 조정조항에 명확히 기재할 필요가 있습니다.

임대장 씨는 차인포 씨에게 그동안 밀린 차임을 분할하여 받겠다고 제안하였습니다. 차인포 씨도 분할된 차임을 꼬박꼬박 지급하겠다고 하여 임대차관계를 유지시키는 방향으로 합의점을 찾았습니다. 이런 경우 임대장 씨는 조정을 한 이후에는 차인포 씨가 밀린 차임과 앞으로의 차임을 늦지 않게 주기를 바라겠지요. 차인포 씨도 임대장 씨를 안심시키기 위해 밀린 차임과 앞으로의 차임을 제때에 주겠다고 약속합니다.

 조정조항 – 조정일 이전에 발생한 연체 차임과 조정일 이후 발생할 차임을 구분하여 조정하는 방법

1. 피고는 원고에게 □원[20○○. ○○. ◎◎.부터 20○○. ◎◎. ◎◎.까지의 차임(부가세 포함) 및 관리비임]을 □원을 지급하되, 이를 ○회 분할하여 20○○. ○○. ○○.부터 20◎◎. ◎◎. ◎◎.까지 매월 말일(*또는 매월 ○일)에 각 ◇원을 지급한다.
2. 피고는 20○○. ◎◎. ◎◎. 이후의 이 사건 임대차 계약상의 차임(◆원)을 지체하지 않고 지급한다.
3. 만일 피고가 1회라도 제1항이나 제2항 기재 지급의무 지체하면, 피고는 즉시 전체에 대한 기한의 이익을 상실하고 미지급 금액 전부를 일시에 지급하되, 이에 대하여 기한의 이익 상실일 다음날부터 다 갚는 날까지 연 12%의 비율로 계산한 지연손해금을 가산하여 지급한다.

차인포 씨는 조정기일에 임대장 씨에게 차임 지급이 밀린 것을 진심으로 사과하며 그간 힘들었던 사정을 털어놓습니다. 임대장 씨는 어려웠던 자신의 과거시절을 떠올리며 젊은 차인포 씨에게 한 번 기회를 주기로 합니다. 그래서 밀린 차임을 면제해주기로 합니다.

조정조항 - 밀린 차임을 지급하는 방법

1. 피고는 원고에 대하여 이 사건 건물에 관한 20○○. ○○. ○○.부터 20
   ○○. ◎◎. ◎◎.까지의 미지급 차임 지급의무를 면제한다.

임대장 씨는 임대차관계를 유지하는 내용으로 합의를 하고는 싶지만
또다시 차인포 씨가 약속을 어기지는 않을까 불안하기도 합니다. 차인
포 씨가 약속을 어기면 또 소송을 제기해야 될 수도 있으니까요. 이런
경우 실권조항을 적절하게 사용하면 좋습니다. 실권조항은 정지조건의
일종입니다. 임차인이 차임 지급을 지체하는 등 임차인으로서의 채무를
불이행하는 경우, 임대차계약이 당연히 종료하고 목적물을 인도하여야
한다는 내용으로 합의할 수 있습니다. 아래와 같은 조항을 임대차계약
을 유지하는 조항과 함께 넣으면 됩니다.

 조정조항 - 당연히 해지하기로 하는 경우

3. 만약 피고가 제2항 기재 돈 지급을 지체하는 경우 이 사건 임대차계약은
   당연히 해지되고, 피고는 원고에게 즉시 별지 목록 기재 건물을 인도한다.

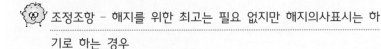 조정조항 - 해지를 위한 최고는 필요 없지만 해지의사표시는 하
기로 하는 경우

3. 만약 피고가 제2항 기재 돈 지급을 지체하는 경우 원고는 피고에게 계약
   의 이행을 최고하지 않고도 이 사건 임대차계약을 해지할 수 있다.

임대차관계를 끝내는 경우(동시이행)

임대인이 차임연체를 이유로 임대차계약을 해지하겠다고 하면, 간혹 임차인 중에는 "보증금이 있으니 거기서 공제하면 되잖아요!"라고 주장하는 분도 있습니다. 일리가 있는 말이지만 반은 맞고 반은 틀립니다. 보증금에서 밀린 차임을 공제할지 말지 선택할 권리는 임대인에게 있기 때문입니다.[27]

이번에는 임대장 씨와 차인포 씨 사이에 임대차관계를 끝내기로 합의하였다고 가정해 봅시다. 이런 경우에는 임대장 씨와 차인포 씨 사이에 체결된 임대차계약이 종료하였음을 확인하는 조항을 기재함이 바람직합니다. 그리고 임대차계약이 종료됨에 따라 임대장 씨와 차인포 씨가 서로에게 이행해야 하는 의무를 정합니다. 이때 임대차계약의 종료에 의하여 발생하는 '임차인의 목적물반환의무'와 '임대인의 연체차임 등을 공제한 나머지 보증금의 반환의무'는 '동시이행관계'에 있음을 유의해야 합니다.[28]

 조정조항 – 임대차계약을 종료하는 방법

1. 원고와 피고 사이에 체결된 이 사건 임대차계약이 20○○. ○○. ○○.
   에 상호합의로(*'기간만료로 종료', '상호합의로' 등 종료원인도 특정할
   수 있습니다) 종료되었음을 확인하고, 원고는 피고에 대하여 별지 목록

---

27) 임대인은 보증금에서 연체차임을 공제할 수 있습니다. 그러나 이는 임대인의 자유이므로 임대인은 보증금에서 밀린 차임을 공제하지 않고, 별도로 차임을 지급하라고 할 수 있습니다. 이 경우 임차인은 보증금이 있다는 이유로 차임지급을 거절할 수 없습니다[대법원 1994. 9. 9. 선고 94다4417 판결 참조].

28) 대법원 1977. 9. 28. 선고 77다1241, 1242 전원합의체 판결.

기재 건물의 인도를 20●●. ●●. ●●.까지 유예한다.

2. 가. 피고는 원고에게 20●●. ●●. ●●.까지 별지 목록 기재 건물을
   인도한다.

나. 원고는 피고에게 □원(* 보증금입니다.)을 지급한다.

다. 가항과 나항은 동시에 이행한다.

임대차를 종료시키고, 인도할 날까지 발생한 차임 등을 보증금에서
공제하기로 미리 합의하는 경우에는 아래와 같이 조정조항을 기재할 수
있습니다.

 조정조항 – 보증금에서 인도할 날까지 발생할 차임 등을 미리 공제하는 방법

2. 가. 원고는 피고에게 20○○. ○○. ○○.까지 □원(임대차보증금에서
   20○○. ○○. ○○.까지의 차임을 공제한 금액)을 지급한다.

(또는)

2. 원고와 피고는 이 사건 보증금에서 제1항 기재 건물 인도일까지 피고가
   밀린 차임을 공제하고 남은 돈이 없음을 서로 확인한다.

만약 차인포 씨가 임대장 씨에게 상가건물을 인도하였는지 여부에
관하여 다툼이 있었고, 임대장 씨와 차인포 씨 사이에 '인도한 것으로
하자.'라고 합의한 경우라면, 이 점에 관한 확인조항도 넣는 것이 바람
직합니다. 추가적인 분쟁이 발생하는 것을 방지할 수 있기 때문입니다.

조정조항 - 종료 및 인도 확인

1. 원고와 피고 사이에 체결된 이 사건 임대차계약이 20○○. ○○. ○○.
   에 기간만료로 종료되었고, 피고는 원고에게 별지 목록 기재 건물을 인도
   하였음을 확인한다.

차인포 씨가 임대장 씨에 상가건물을 돌려주었는데 그 건물에 물건
들이 남아 있는 경우 두 사람 사이에 '인도의무'를 이행한 것인지에 관
해 다툼이 있을 수 있습니다. 임대장 씨는 별도로 강제집행을 해야 하
는 번거로움이 생길 수도 있습니다. 이 경우를 대비하여 다음과 같은
내용을 서로 합의할 수 있습니다.

 조정조항 - 인도 방법을 정하는 방법

1. 피고는 원고에게 20○○. ○○. ○○.까지 별지 목록 기재 건물을 인도
   한다.
2. 만일 피고가 별지 목록 기재 건물을 인도한 후에 위 건물에 남겨둔 물건
   이 있는 경우, 피고는 그 일체에 대한 권리를 포기한 것으로 보고, 원고
   가 이를 임의로 처분하는데 일체의 이의를 제기하지 아니한다.

                    (또는)

1. 원고와 피고 사이에 체결된 이 사건 임대차계약이 20○○. ○○. ○○.
   에 기간만료로 종료되었고, 피고는 원고에게 별지 목록 기재 건물을 인도
   하였음을 확인한다.
2. 만일 피고가 별지 목록 기재 건물에 남겨둔 물건이 있는 경우, 피고는 그
   일체에 대한 권리를 포기하고, 원고가 이를 임의로 처분하는데 일체의 이
   의를 제기하지 아니한다.

기본적으로 임대차계약은 임차인에게 임차건물을 원상태로 회복하여 인도할 의무가 있다고 정합니다.[29] 하지만 임대인 입장에서는 임차인이 영업을 하기 위하여 설치한 인테리어시설 등이 있는 상태에서 새로운 임차인을 구하는 게 더 쉬울 수 있습니다. 임차인 입장에서도 철거하는 비용이 부담될 수 있습니다.

차인포 씨는 한식당 운영을 위하여 많은 비용을 들여 인테리어를 하였는데 권리금 회수도 못하고 다 철거해야 한다고 생각하니 속상합니다.[30] 사실 철거비용도 없는 답답한 상황입니다. 차인포 씨는 임대장 씨에게 건물에 인테리어를 잘 해놓았으니 그대로 둔 상태에서 새로운 임차인을 구하기가 쉬울 것이라고 설득합니다. 필요한 물건들은 가지고 나갈테니 원상회복의무는 면제해달라고 제안합니다. 임대장 씨가 보기에도 철거하기 아깝습니다. 임대장 씨는 식당운영을 할 임차인과 좋은 조건으로 임대차계약을 체결할 수 있겠다고 생각하고 차인포 씨의 제안을 받아들였습니다.

임대장 씨와 차인포 씨의 사례와 달리 임차인에게 상환청구권·권리금회수청구권 등이 인정되는 사건도 있습니다. 이러한 사정을 참작하여 임대인이 임차인에게 일정한 돈을 주기로 정할 수도 있습니다.

---

29) 임대목적물을 임대차계약 전의 상태로 돌려놓아야 한다는 의미입니다. 따라서 원상회복하지 않은 상태로 임대인에게 열쇠만 돌려주었거나 시정장치의 비밀번호를 알려 준 것만으로는 인도하였다고 인정하기에 부족할 수 있습니다.

30) 상가건물의 임차인이 3기의 차임액에 해당하는 금액에 이르도록 차임을 연체한 사실이 있는 경우 그 임차인은 임대인에게 권리금회수기회를 보장해 달라고 할 수 없습니다(상가건물 임대차보호법 제10조의 4 제1항 단서, 같은 법 제10조 제1항 제1호).

조정조항 – 목적물을 현재 상태로 인도하는 방법

1. 피고는 원고에게 20○○. ○○. ○○.까지 별지 목록 기재 건물 내에 있는 피고 소유의 집기를 수거하고, 위 건물을 인도한다.
2. 피고는 별지 목록 기재 건물에 피고가 고정시킨 시설물에 대한 일체의 권리(바닥공사, 벽도색공사, 수도공사에 따른 비용·유익비상환청구권, 부속물매수청구권 등)을 포기한다.

임차권등기·가압류 등의 정리

임대차계약이 종료하여 임대인은 임차인에게 정산한 보증금을 지급하고, 임차인은 임대인에게 빌려 사용했던 부동산을 원상으로 회복한 뒤 인도하면, 임대인과 임차인은 서로에 대한 의무를 이행한 것입니다.

그런데 임차인이 임대차가 종료되었는데도 보증금을 돌려받지 못하는 경우 임대차 목적물에 임차권등기나 가압류를 하는 경우가 있습니다. 따라서 임차인이 임대인으로부터 보증금을 돌려받는 것으로 합의되는 경우 임차인은 보증금을 반환받기 위하여 해놓은 임차권등기나 가압류 등을 없애주어야 합니다. 가능하다면 임차권등기나 가압류 등의 말소는 임대인이 합의한 보증금 전부를 지급한 '이후에' 이행하기로 하는 것이 적절합니다. 만일 임차인이 보증금의 전부나 일부를 받기 전에 임차권등기나 가압류를 말소하였는데, 임대인이 보증금을 돌려주지 않으면 임차인은 예상하지 못한 손해를 입을 수 있기 때문입니다.

🐑 조정조항 – 임차권등기 정리

1. 피고는(*임대인)는 원고(*임차인)에게 20○○. ○○. ○○.까지 □원(*보증금)을 지급한다. ~ (지연손해금)~
2. 원고는 피고로부터 제1항 기재 돈을 전부 지급받으면 지체 없이, 피고에게 별지 목록 부동산(*임대차 목적물)에 관하여 마쳐진 ○○법원 20○○ 카임○○○○ 임차권등기명령에 기한 주택임차권등기의 말소절차를 이행하고, 이에 따른 비용은 원고(또는 피고)가 부담한다.

🐑 조정조항 – 가압류 등 정리

1. 피고는(*임대인)는 원고(*임차인)에게 20○○. ○○. ○○.까지 □원(*보증금)을 지급한다. ~ (지연손해금)~
2. 피고는 원고로부터 제1항 기재 돈을 전부 지급받으면 지체 없이 ○○법원 20○○ 카단○○○○호 부동산 가압류 사건의 신청을 취하하고 그 집행을 해제한다.

 '임대인의 보증금 반환의무' vs '임차인의 임차권등기 말소의무'[31]

'임대인의 보증금 반환의무'가 선이행의무입니다. 임차권등기는 임차인이 기존에 가졌던 대항력이나 우선변제권을 유지하도록 해주는 담보적 기능만을 주목적으로 하기 때문입니다. '임대인의 보증금반환의무'와 '임차인의 목적물반환의무'가 동시이행관계인 점과 다름에 유의하세요!

'임대인의 보증금 반환의무' vs '임차인의 전세권설정등기 말소의무'[32]
임대인과 임차인이 임대차계약을 체결하면서 임대차보증금을 전세금으로 하는 '전세권설정등기'를 경료하는 경우가 있습니다. 이런 경우에는 어떨까요? 당사자 사이에 다른 약정이 없는 한 '임대인의 보증금반환의무'와 '임차인의 전세권설정등기 말소의무'는 동시에 이행해야 합니다. 임대차보증금이 전세

---

31) 대법원 2005. 6. 5. 선고 2005다4529 판결.
32) 대법원 2011. 3. 24. 선고 2010다95062 판결.

금의 성질도 함께 가지게 되고, 민법 제317조는 '전세권자의 목적물 인도 및 전세권설정등기의 말소등기에 필요한 서류를 교부할 의무'와 '전세권설정자의 전세금 반환의무'가 동시이행관계에 있다고 규정하고 있기 때문입니다.

폐업신고

임대차관계가 종료할 때 발생하는 임차인의 원상회복의무에는 임대인이 임대할 당시의 부동산 용도에 맞게 사용할 수 있도록 협력할 의무도 있습니다. 상가건물이라면 임차인은 임대인이나 새로운 임차인이 그 건물에서 다시 영업허가를 받는데 방해가 되지 않게 폐업신고를 해야 합니다. 상가건물임대차를 종료시키기로 조정을 할 경우 이러한 부분도 조정조항에 반영한다면 혹시라도 생길 수 있는 추가적인 분쟁을 방지할 수 있습니다.

 조정조항 – 폐업신고

1. 피고는 20○○. ○○. ○○.까지 별지 목록 영업신고의 표시 기재의 영업신고에 관하여, 관할관청에 위 영업신고권 및 영업시설의 전부에 대한 폐업신고절차를 이행한다.

임대차계약은 계속적 계약입니다. 임대인과 임차인 사이에 계약의 기초가 되는 신뢰관계가 깨질 경우 양쪽 모두 분쟁이 끝나는 날까지 큰 고통을 받을 수 있습니다. 불안정한 부동산 시장 상황과 인플레이션 때문에 임대인과 임차인 모두가 힘든 요즘입니다. 영업이 어려워 차임을 지급하지 못하는 임차인들이 있는가 하면, 매달 고이율의 대출이자를 부담하고 있는데 임차인으로부터 차임을 받지 못해 이러지도 저러지도 못하는 임대인들도 있습니다. 각자 상대방의 입장을 생각하면서, 서로에게 윈–윈이 되는 방법으로 조정하시기를 권합니다.

조정조항으로 보는 조정전략(skill)
- 그 밖의 사건

이제 조정조항 중 민사조정실무에서 많이 다루어지는 몇 가지 사건들에 대해 살펴본 후, 저희들의 글을 마무리하겠습니다.

손해배상청구 사건

손해배상 청구 사건은 분쟁의 원인이 다양합니다. 손해배상청구 사건은 금전 지급을 구하는 경우이므로 앞에서 살펴본 '돈과 관련된 사건'을 참고하면 됩니다. 다만 조정은 청구취지('돈을 달라')에 구애받지 않기 때문에, 손해배상사건에서는 사안과 분쟁의 원인에 따라 당사자들이 다양한 방법으로 분쟁을 해결할 수 있습니다. 실무에서 빈번하게 발생하는 유형의 사건들에서 참고할만한 조정조항을 살펴보겠습니다.

하자보수청구 사건

주로 공사계약을 체결한 당사자 사이에서 발생하는 분쟁입니다. 만약 공사계약에 따라 완성된 목적물 또는 완성 전 성취된 부분에 하자가 발생할 경우, 도급인은 수급인에게 하자의 보수에 '갈음'하여 또는 보수와 '함께' 손해배상을 청구할 수 있습니다. 만약 하자가 중요하지 않고 보수비용이 과다한 경우에는 하자보수의 책임을 물을 수 없고, 손해배상만 청구할 수 있습니다(민법 제667조).

이런 분쟁을 소송을 통해 해결하려고 한다면, 대부분 하자 감정절차를 거쳐야 합니다. 하지만 비싼 감정비용 때문에, '배보다 배꼽이 더 크다.', '배가 산으로 간다.'라는 말이 절로 나오게 됩니다. 감정절차 진행으로 소송이 지연되는 것은 말할 것도 없지요. 감정결과에 따라 양측이 부담하는 리스크도 커질 것입니다. 그러니 가능하다면 조정절차를 통하여 감정을 거치지 않고 신속하게 해결하는 것이 좋겠지요. 조정을 하는 경우 앞서 살펴 본 조항들을 참고하면 됩니다.

그런데 도급인이 하자보수를 청구한데 대해, 수급인도 받지 못한 공사대금이 있다며 이를 지급해달라고 주장하는 경우가 있습니다. 반대로 수급인이 공사대금을 청구하였는데 도급인이 하자를 원인으로 손해배상금을 구하는 경우도 있습니다. 이런 경우에는 서로 주고받을 돈을 참작하여 돈의 액수를 정할 수 있을 것입니다. 앞서 본 상계조항을 참고하여 사안에 맞게 조정조항을 적절하게 정하면 됩니다.

 조정조항 – 공사관련 분쟁에서 상계조항을 넣어 조정하는 경우

1. 피고(*도급인입니다)는 원고(*수급인입니다)에 대하여 '이 사건 도급계약'[33]에 기한 미지급 공사대금 ■원의 지급채무가 있음을 확인한다.
2. 원고는 피고에 대하여 '이 사건 도급공사'에 의한 하자의 보수에 갈음하는 손해배상으로 □원의 지급채무가 있음을 확인한다.
3. 원고와 피고는 20○○. ○○. ○○.(*조정기일입니다.) 제1항과 제2항의 채무를 대등액에서 상계한다.
4. 피고는 원고에게 제1항 기재 돈 지급 채무 중 제3항에 의한 상계 후의 잔액 △원을 20○○. ○○. ●●.까지 지급한다. ~지연손해금~
5. 제1항 내지 제4항에서 정한 것 외에 원고와 피고 사이에 '이 사건 도급계약'에 관하여 서로에게 일체의 권리·의무가 없음을 확인하고, 향후 서로에게 일체의 민·형사상 이의를 제기하지 아니한다.

---

33) 공사계약의 경우 그 계약 내용을 변경하여 다시 공사계약서를 작성하는 경우가 빈번합니다. 이런 경우에는 단순히 '이 사건 공사계약'이라고 하기 보다는 변경계

만약 수급인이 하자를 보수하기로 했을 때 막연하게 '~공사를 한다.' 내지 '~를 보수한다.'라고 조정조항을 기재하면, 향후 도급인과 수급인이 생각하는 하자보수의 범위에 관하여 다툼이 발생할 수 있습니다. 그렇다면 어떻게 조정조항을 작성해야 향후 조정조항의 해석을 두고 다툼이 발생하지 않을 수 있을까요? 하자보수 이행 여부를 확인할 수 있는 객관적인 기준을 제시하거나 보수의 범위를 최대한 자세하게 기재하는 것이 좋습니다.

 조정조항 – 향후 분쟁을 방지하는 방법

1. 피고는 원고에 대하여 '이 사건 도급공사' 중 다음 각 부분에 하자가 존재함을 확인한다.
   가. (생략)
   나. (생략)
      ...

2. 피고는 원고에 대하여 20○○. ○○. ○○.까지 제1항 각 호 기재의 하자부분에 관하여 별지 도면(시방서)에 따라 보수공사를 한다.

3. 원고와 피고는 각기 지정하는 자를 입회인으로 하여 쌍방의 입회인이 확인하여 제2항 기재 공사를 시공하기로 하며, 이에 따라 공사를 진행하여 종료한 시점을 보고 공사의 종료시로 할 것을 확인한다. 만일 일방의 입회인이 입회하지 아니하는 경우 상대방의 입회인에게, 쌍방 모두 입회인이 입회하지 아니한 때에는 원고에게 각 위 확인을 일임하기로 한다.

4. 원고와 피고는 제1항 각 호 기재 하자 이외의 '이 사건 도급계약'에 기한 하자에 대하여는 같은 계약의 각 조항에 정해진 보증기간에 따라 처리할 것을 확인한다.

5. 원고는 나머지 청구를 포기한다.

약 체결일자 등으로 공사계약을 최대한 정확하게 특정할 필요가 있습니다.

수급인이 제대로 보수할지 의문이 있거나, 도급인과 수급인 사이에 신뢰관계가 깨진 경우가 있습니다. 이럴 땐 도급인이 수급인으로부터 보수비 상당의 돈을 지급받고, 제3자를 통하여 보수하기로 합의할 수 있습니다. 도급인이 수급인으로부터 돈을 받는 대신, 수급인에게 지급해야 할 공사대금을 감액하는 것도 좋은 방법입니다. 원도급인이 있는 경우, 원도급인이 하자 보수에 관하여 확인서 등을 발급해주는 조건으로 공사대금을 정리하는 내용으로 조정할 수도 있습니다.

자동차 사고 등의 사건

자동차 사고가 발생하는 경우 가해자나 가해자 측 보험사가 피해자에게 채무부존재 확인을 구하는 소송(본소)을 제기하는 경우가 있습니다. 이에 대해 피고는 원고가 손해배상금을 지급해야 한다면서, 반소를 제기하기도 합니다. 어떤 경우이든, 가해자가 피해자에게 얼마를 지급할지 정하면 됩니다.

이런 분쟁은 적극손해(치료비)·일실수익·위자료 인정 액수 및 과실 비율 등 법률적 쟁점이 많고, 신체감정 등에 소요되는 시간이 길어져, 판결이 나기까지 오랜 시간이 걸릴 수 있으므로, 조정으로 신속하게 분쟁을 해결하는 것이 좋습니다.

 조정조항 - 채무부존재 확인을 구하는 사건

1. 원고(반소피고)와 피고(반소원고)는 20○○. ○○. ○○. ○○:○○경 △△에서 발생한 사고와 관련하여 아래에서 정한 것 이외에는 서로에게 일체의 권리·의무가 없음을 서로 확인한다.
2. 원고(반소피고)는 피고(반소원고)에게 ~돈 지급~

만일 자동차 사고 및 그 외 불법행위로 인하여 피해자에게 상해가 생겼고, 그로 인해 장래 후유증 발생 가능성이 있는 경우, 피해자의 장래 발생할 후유증에 대한 청구권을 유보하는 조항이 필요할 수 있습니다. 이를 간과하고 청산조항을 작성하는 경우 일방에게 예상하지 못한 불이익이 발생할 수 있기 때문에 주의하여야 합니다.

🐑 조정조항 - 향후 분쟁을 방지하는 방법

1. 원고(반소피고)는 피고(반소원고)에게 ~돈 지급~
2. 원고(반소피고)와 피고(반소원고)는 20○○. ○○. ○○. ○○:○○경 △△에서 발생한 사고와 관련하여 제1항에서 정한 것 외에 서로에게 채권·채무가 존재하지 아니함을 확인한다. 다만, 위 사고로 인하여 피고(반소원고)에게 후유장해가 발생하는 경우 이로 인한 손해액에 대하여는 원고(반소피고)와 피고(반소원고) 사이에 별도로 협의한다.

상간자에 대한 손해배상청구

형법상 간통죄가 폐지된 이후에도, 자신의 배우자와 부정한 행위(외도)를 한 상대방에 대하여 민사상 손해배상을 청구하는 사건이 여전히 많습니다. A씨와 B씨는 부부입니다. 그런데 B씨가 C씨와 외도를 하였다고 가정해볼까요. 만약 A씨와 B씨가 이혼소송을 할 경우, A씨가 C씨를 상대로 손해배상을 구하는 소송 역시 가정법원에서 병합하여 진행될 수 있습니다. 따라서 A씨와 C씨가 '민사'조정을 하는 경우라면 A씨가 B씨와 이혼하지 않기로 결심하였을 가능성이 높습니다.

이와 같은 사안에서 원고가 가장 바라는 점은 무엇일까요? 원고는 피고가 사과를 하고, 다시는 자신의 배우자와 만나지 않겠다고 약속하기를 바랄 것입니다. 이런 일로 법원까지 오게 되면서 '절대 원고 배우자

와는 만나고 싶지 않다.'라고 마음먹는 피고도 많습니다. 서로, 판결로
는 얻을 수 없는, 조정을 통하여만 할 수 있는 약속을 할 수 있습니다.

🌸 조정조항 – 사과와 약속을 추가하는 방법

1. 피고는 원고에게 정신적 고통을 주었음을 인정하고, 원고에게 진심으로
   사과한다.
2. 피고는 원고에게 20○○. ○○. ○○.까지 □원을 지급한다. ~(지연손해
   금)~
3. 피고는 원고, ○○○(*원고의 배우자이자 피고와 부정행위를 한 자) 및
   원고의 가족들에게 원고의 의사에 반하여 다음 각 호의 행위를 하지 아
   니한다. 만일 피고가 다음 각 호의 의무를 위반하는 경우 원고에게 위약
   금으로 위반행위 1회당 △원을 지급한다.
   가. 사적으로 만나는 행위
   나. 직접 또는 제3자를 통하여 전화, 문자메시지, 카카오톡 등과 같은
      소셜 네트워크 서비스(Social Network Service), 기타 일체의 방
      법으로 연락하는 행위
   다. 이 사건 청구원인과 관련한 일체 내용을 제3자에게 직접 또는 간접
      적인 방법(정보통신망을 이용하는 경우 포함)을 통해 유통 · 배포 ·
      전송 · 제공 등 누설하는 행위

원고의 입장에서, 사실 원고의 배우자도 불법행위자입니다. 원고의
배우자와 피고가 함께 부정행위를 하였으니 두 사람은 공동 불법행위자
이지요. 따라서 원고에게 손해배상금을 지급한 피고가 그 후에 원고의
배우자에게 구상금을 지급하라는 주장을 할 수도 있습니다. 원고가 배우
자와 이혼하지 않기로 결정하였다면 향후에 위와 같은 분쟁이 발생하지
않도록 미리 약속하면서 손해배상액을 정하는 조정을 할 수 있습니다.

조정조항 – 향후 분쟁을 방지하는 방법

2. 피고는 원고에게 20○○. ○○. ○○. 까지 □원(피고 단독 책임금액임)
   을 지급한다. ~ (지연손해금)~
3. 피고는 ○○○(* 원고의 배우자이자 피고와 부정행위를 한 자)에게 이 사
   건 청구원인과 관련된 구상금 청구권을 포기하고, 구상금 청구 등 일체의
   민사상 청구를 하지 아니한다.

기타 손해배상청구 사건

빈번하게 발생하는 손해배상청구 사건에서 참조할 만한 조정조항입니다.

 조정조항 – 누수 사건

1. 피고는 원고와 합의 하에 방수관련 전문공사업체를 선정하여 20○○. ○
   ○. ○○.까지 물이 새지 않도록 공사를 완료한다.
2. 만약 피고가 제1항 기재 의무 이행을 지체하는 경우, 피고는 원고에게
   지체 다음날부터 이행 완료일까지 매일(또는 매월) □원의 비율에 의한
   위약금을 지급한다.

 조정조항 – 누수 사건

1. 피고는 원고에게 ~(금전지급)~
2. 제1항에서 정한 것 외에 원고와 피고 사이에 별지 목록 기재 건물에 관
   하여 20○○. ○○. ○○.(*조정일자임)까지 누수로 인하여 원고에게 발
   생한 손해와 관련하여 서로에게 일체의 권리·의무가 없음을 확인하고,
   향후 서로에게 민·형사상 일체의 이의를 제기하지 아니한다.

조정조항 - 명예훼손, 모욕 등 사건

1. 피고는 원고에게 ~(금전지급)~
2. 원고와 피고는 상대방에 대하여 공연히 허위사실을 적시하거나, 모욕, 비방 기타 인격권을 침해하는 행위를 하지 아니한다. 만일 이를 위반하는 경우 위반행위 1회당 □원씩 지급한다.

 조정조항 - 조정내용을 비밀로 하는 경우

1. 피고는 원고에게 ~(금전지급)~
2. 원고와 피고는 이 사건 소송 및 조정내용에 관련한 일체의 내용을 제3자에게 직접 또는 간접으로 유출하거나 누설하지 아니한다. 만일 이를 위반하는 경우 위반행위 1회당 □원씩 지급한다.

사해행위취소 사건

[사례]

한채무 씨와 한수익 씨는 둘도 없는 의좋은 형제입니다. 한수익 씨는 지난 3년 동안 한채무 씨에게 크고 작은 돈을 빌려줍니다. 사업자금 흐름이 좋지 않다며 금방 갚겠다는 동생의 부탁을 거절하기 어려워 빌려주기 시작했습니다. 그러던 중 홀어머니가 돌아가셨습니다. 어머니의 장례를 치르고 난 뒤, 한수익 씨와 한채무 씨는 어머니가 남겨 둔 A주택을 어떻게 할지 상의합니다. 한채무 씨는 한수익 씨에게 그동안 빌린 돈을 갚는 대신 A주택에 대한 자기 상속지분을 다 가져가라는 제안을 합니다. 이미 아파트 1채를 소유하고 있던 한수익 씨는 2주택자가 되는 것이 부담스러웠지만, 고민 끝에 어릴 적 가족과의 추억이 쌓인 A주택을 단독으로 소유하기로 결정합니다. 한수익 씨는 살고 있던 아파트를 전세 주고, 가족들과 함께 A주택으로 이사를 합니다. 그러던 어느 날 법원이 보낸 소장부본을 송달받고 깜짝 놀랍니다. 원고는 채건은행인데, 한수익 씨에게 '한채무와 한수익 사이에 A주택 중 한채무의 상속지분에 관하여 한 상속재산분할협의를 취소하고, 한채무의 상속지분에 관하여 진정명의회복을 원인으로 소유권이전등기를 하라'고 청구하였습니다. 한수익 씨가 한채무 씨에게 이를 확인하기 위해 전화를 해보았지만, 한채무 씨는 "채건은행으로부터 사업자금을 대출받은 게 있었는데, 사업이 어려워져 어머니가 돌아가실 즈음엔 이미 대출이자도 못 내고 있었어. 미안해, 형."이라는 문자만 남기고 연락이 두절됩니다.

채건은행은 한수익 씨를 상대로 '사해행위취소소송'을 제기한 것입니다. 그런데 채건은행이 채무자인 한채무 씨도 아닌, 일면식도 없는 한수익 씨를 상대로 소송을 제기한 것이 독특하지요? 사해행위취소소송에서 피고가 될 수 있는 사람은 수익자(채무자와 법률행위를 한 사람) 또는 전득자(수익자와 법률행위를 한 사람)이기 때문입니다. 채건은행은 승소하기 위하여 '① 피보전채권(채권자취소권에 의하여 보전하고자 하는 채권자의 채

무자에 대한 채권)이 존재할 것, ② 사해행위일 것, ③ 사해의사가 있을 것' 부분에 대하여 주장과 입증을 하여야 합니다.

한채무 씨가 남긴 문자를 보니, ① 일단 채건은행이 한채무 씨에 대해 대여금채권이 있다고 보이네요. 그럼 이 사건에서 ② 사해행위는 무엇일까요? '사해행위'는 '채무자가 채무자를 해(害)한다는 것을 알면서 책임재산을 감소시키는 법률행위입니다. 쉽게 말해, 채무자가 채권자의 강제집행을 어렵게 만들기 위해 재산을 숨기거나 제3자에게 주는 등의 행위입니다. 한채무 씨가 A주택에 대한 상속지분(책임재산)을 가지고 있는데, 이 주택을 한수익 씨가 단독으로 소유할 수 있도록 한 상속재산분할협의가 사해행위라는 겁니다. ③ 채무자와 수익자가 악의여야 하는데, 채무자인 한채무 씨가 대출이자를 못 내는 상황에서 상속재산분할협의를 했으니 채무자의 악의가 인정될 가능성이 높습니다. 물론 한수익 씨는 동생에게 빌려준 돈을 받는 대신 A주택을 단독 소유한 것일 뿐이지 사해행위인줄은 전혀 몰랐다고 주장할 수도 있습니다. 하지만 채무자가 악의였음이 증명이 되면, 수익자(또는 전득자)의 악의는 추정이 됩니다. 따라서 한수익 씨가 적극적으로 악의가 없었다는 점에 관해 입증해야 합니다. 두 사람이 형제라는 점이, 사해의사가 없었다고 주장하는 한수익 씨에게는 불리한 정황이 될 수도 있습니다.

한수익 씨는 이런 상황을 이해하고, 혹시라도 판결에서 질 경우 정든 A주택이 경매에 부쳐질 수 있겠다고 생각합니다. 살던 집은 이미 전세를 주었기 때문에 다른 곳으로 이사할 일이 걱정입니다. 한편, 채건은행은 A주택의 지분에 대해 경매를 부치는 번거로운 절차를 거치지 않기 위해, 한수익 씨로부터 대여금 중 일부라도 받고 분쟁을 해결하고 싶어 합니다.[34] 어떻게 조정할 수 있을까요? 이 경우 피고 한수익 씨가 채건

---

34) 사해행위취소소송에서 승소하더라도 부동산은 채무자의 책임재산으로 돌아갈 뿐입니다(상대적 효력). 따라서 취소채권자인 원고가 채권만족을 얻기 위해서는 별

은행에게 일정 금액의 돈을 지급하는 내용으로 조정할 수 있습니다. 채무자인 한채무 씨의 채건은행에 대한 채무에 대하여도 조율할 수 있습니다. 아래의 예시조항을 살펴볼까요?

 조정조항 - 채무자를 고려하지 않는 경우

1. 금전지급
2. 이 사건 조정은 피고가 원고에게 지급한 금액을 공제하는 외에는 원고의 조정 외 △△△(*채무자임) 및 다른 구상의무자에 대한 채권행사에 영향을 미치지 아니한다.

 조정조항 - 채무자를 고려하는 경우

1. 금전지급
2. 원고는 위 제 1항에 기재된 돈의 수령을 조건으로 조정 외 △△△(*채무자임)에 대하여 ○○법원 20○○가단○○○○ ●● 사건의 확정된 판결에 의한 채권을 포기하고, 강제집행을 하지 아니한다.

다만 사해행위취소 사건에서 조정을 할 경우 반드시 숙지해야 할 점이 있습니다. 조정이 이루어진다고 해서 추가적인 분쟁이 더 이상 발생하지 않을 것이라고는 확신할 수 없습니다. 보통 사해행위취소소송이 제기될 정도라면, 채무자의 신용상태가 매우 좋지 않고, 채권자가 원고 외에도 다수가 존재할 가능성이 있습니다. 또 다른 채권자가 피고를 상대로 동일한 법률행위에 대해 사해행위취소청구를 할 가능성도 있기 때

도로 경매절차를 진행해야 할 수도 있고, 설령 배당이 이루어지더라도 배당액으로부터 언제나 최우선으로 변제받는다고 할 수도 없습니다.

문입니다. 따라서 향후 추가적인 분쟁이 발생할 가능성 등을 충분히 확인한 이후에 조정하여야 합니다.

소취하

원고가 아직은 자신의 주장을 뒷받침할 만한 충분한 증거를 수집하지 못하였다고 생각하고 향후 다시 소송을 제기하고자 하는 경우가 있습니다.[35] 이럴 경우 원고는 소를 취하하는 내용으로 조정할 수 있습니다. 다만 피고는 원고가 같은 분쟁으로 다시 소송을 제기할 수도 있다는 점을 유의하면서 원고의 소취하에 동의할지 여부를 결정해야 합니다.[36]

 조정조항 – 소취하

1. 원고는 이 사건 소를 취하하고, 피고는 이에 동의한다.
2. 소송비용 및 조정비용은 각자 부담한다.

---

35) '재소금지'란 본안에 관한 종국판결이 선고된 후 그 소를 취하할 경우 다시 동일한 소를 제기할 수 없다는 원칙입니다(민사소송법 제267조 제2항). 따라서 제1심 판결이 선고되기 전에 소를 취하할 경우 향후 같은 소송물로 소를 제기하는 것은 '재소금지 원칙'에 위배되지 않습니다.

36) 소의 취하는 상대방이 본안에 관하여 준비서면을 제출하거나 변론준비기일에서 진술하거나 변론을 한 뒤에는 상대방의 동의를 받아야 효력을 가집니다(민사소송법 제266조 제2항). 소취하의 서면이 상대방에게 송달된 날로부터 2주 이내에 이의를 제기하지 않은 경우에도 소취하에 동의한 것으로 봅니다(민사소송법 제266조 제6항).

37)

항소심에서 조정회부된 사건의 경우 서로 양보 끝에 제1심 판결을 받아들이기로 조정할 수도 있습니다. 그럴 때 제1심 판결을 그대로 확정시키려는 의도로 '원고(또는 피고)는 항소를 취하한다. 2. 소송총비용 및 조정비용은 각자 부담한다.'라고 조정하면 곤란합니다.

왜냐하면 조정회부사건의 경우 '조정이 성립'하거나 '조정을 갈음하는 결정이 확정된 때'에는 '소의 취하'가 있는 것으로 보기 때문입니다(민사조정규칙 제4조 제3항). 항소심 진행 중 '항소'를 취하하는 내용으로 합의를 한 경우, 조정당사자들이 위 규칙과 무관하게 제1심 판결 내용을 그대로 받아들인다는 의미로 해석하는 것이 타당하지만, 위 규정의 해석을 두고 논란이 있을 수 있습니다. 이러한 불필요한 논란을 피하고, 제1심 판결주문을 살펴보지 않더라도 조정조서의 조항만으로도 합의한 내용을 파악할 수 있도록 기재해야 합니다. 따라서 '제1심 판결 내용대로 조정하자'라고 합의를 하였다면, '항소를 취하한다.'라고 기재하기보다는 제1심 판결의 주문 내용 그대로 조정조항의 형식에 맞추어 기재하는 것이 바람직합니다(예를 들어 '~이행하라.'를 '~이행한다.'로 기재합니다).

채무자가 사망한 경우

조정을 신청하거나 소송을 제기하기 전에 채무자가 사망하여 상속인들과 조정 또는 소송을 하는 경우가 있습니다. 조정신청을 한 후 또는 소송을 제기한 후에 피신청인 또는 피고가 사망하는 경우도 간혹 있습니다. 후자의 경우 상속인들이 소송을 이어 받지요(당연승계). 만약 상속인들이 상속을 포기하였다면 원고는 상속인들로부터 실질적으로 돈을

---

37) 민규남, "민사조정위원이 알아야 하는 사항들", 서울중앙지방법원 조정위원협의회, 조정마당 열린대화 제8호(2015), 41.

받기 어렵습니다. 그러나 상속인들이 한정승인을 하였다면 다음과 같이 조정할 수 있습니다.

 조정조항 - 채무자의 상속인(들)이 한정승인한 경우

1. 피고들(*한정승인을 한 상속인임)은 망 ○○○(*사망한 채무자임)으로부터 상속받은 각 재산의 범위 내에서 원고에게 □원 및 이에 대하여 20○○. ○○. ○○.부터 20◎◎. ◎◎. ◎◎.까지 연 5%, 그 다음날부터 다 갚는 날까지 연 12%의 각 비율로 계산한 돈을 지급한다.

---

 38)

한정승인이란 상속인이 상속으로 인하여 취득한 재산의 한도에서 피상속인의 채무와 유증을 변제할 것을 조건으로 상속을 승인하는 것입니다(민법 제제1028조). 상속인이 가정법원에 한정승인하겠다고 신고하였고 이를 수리하는 심판이 있는 경우 상속인은 상속받은 재산의 한도에서 상속받은 채무를 변제하면 됩니다. 만약 상속받은 채무가 상속재산을 초과하면 상속인은 그 초과부분을 변제하지 않아도 됩니다.
그러므로 채무자가 사망한 사건의 경우 조정절차에서 합의가 이루어지기 전에 상속인에 대한 상속포기 또는 한정승인 신고를 수리하는 심판이 있었는지에 관하여 반드시 확인하여야 합니다.

---

38) 민규남, "민사조정위원이 알아야 하는 사항들", 서울중앙지방법원 조정위원협의회, 조정마당 열린대화 제8호(2015), 41.

작위, 부작위를 목적으로 하는 사건

　만약 상대방이 의무를 자발적으로 이행하지 않는 경우 조정조서의 조항만으로 그 이행의 강제가 가능한지 검토해야 합니다. 만약 조정조항만으로는 상대방의 이행을 강제할 수 없다면, 이를 위해 추가적인 소송을 제기해야 할 수도 있기 때문입니다. 따라서 상대방에게 특정한 행위를 할 것을 요구(작위의무)하거나 반대로 하지 말 것을 요구(부작위의무)하는 조정조항을 정할 때에도 다음 사항을 유의해야 합니다.

　① 조정조서만으로도 그 작위의무 또는 부작위의무의 내용에 의문이 생기지 않도록 가능한 한 이를 자세히 특정하여야 합니다. 이때 조정조서에 도면이나 사양서 등을 첨부하면 특정에 도움이 될 수 있습니다.

　② 의무를 이행하지 않을 경우 간접강제의 방식으로 위약금 등을 지급하는 조항을 추가할 수 있습니다.

꿀팁!

간접강제는 채무자가 스스로 채무를 이행하지 않을 경우 벌금을 부과하는 방식 등으로 심리적 압박을 가함으로써 채무자가 채무를 이행하게 하는 집행방법입니다(민사집행법 제261조 참조). 간접강제는 작위·부작위 채무 중 ① 직접강제와 ② 대체집행이 허용되지 않는 경우에만 가능합니다. 그렇다면 직접강제와 대체집행은 무엇일까요? ① 직접강제란 채무자가 자발적으로 채무를 이행하지 않는 경우 집행기관이 그 채무의 내용을 직접 실현하는 방식입니다. 예를 들어 채무자가 돈을 지급하지 않는 경우 집행법원이 채무자의 재산을 압류·경매·환가하여 그 돈을 채권자에게 주는 것이 있습니다. ② 대체집행이란 채무자가 자발적으로 채무를 이행하지 않는 경우 채무자로부터 비용을 추심하여 채권자 또는 제3자로 하여금 채무자를 대신하여 의무이행을 실현하는 집행방식입니다. 예를 들어 채무자가 철거의무를 이행하지 않는 경우 집행기관을 통하여 철거를 하는 것이 있습니다.

아래 조항들을 참고해 보세요.

 조정조항 - 간접강제
·····································

1. 의무 조항
2. 만약 피고가 제1항 기재 의무 이행을 지체하는 경우, 피고는 원고에게 지체 다음날부터 이행 완료일까지 매일(또는 매월) □원의 비율에 의한 위약금을 지급한다.

 조정조항 - 작위의무
·····································

1. 피고는 원고에게 20○○. ○○. ○○.까지 원고와 피고 토지의 경계 부분(별지 도면 표시 ~ 부분)에 별지 도면 블록 담장(높이 □m, 길이 △m, 폭 ◇m)을 설치한다. 위 설치비용은 피고가 부담한다.
2. 만약 피고가 제1항 기재 의무 이행을 지체하는 경우, 피고는 원고에게 지체 다음날부터 이행 완료일까지 매일(또는 매월) □원의 비율에 의한 위약금을 지급한다.

 조정조항 - 부작위의무
·····································

1. 피고는 원고에 대하여 별지 목록 기재 토지 중 별지 도면 표시 …의 각 점을 차례로 연결한 선내 (가)부분에 건물 기타 공작물을 축조하지 아니한다.
2. 만약 피고가 제1항 기재 의무를 위반하는 경우, 피고는 원고에게 위반행위(가 지속되는) 1일당 □원의 비율에 의한 위약금을 지급한다.

청구이의, 제3자이의 사건

청구이의 소, 제3자이의의 소 등 집행관계 사건은 '~에 기한 ~강제 집행은 불허한다.'는 식으로 법원이 형성효과의 발생을 선언하는 식으로 판결합니다. 그런데 이러한 사건도 민사에 관한 분쟁이므로 민사조정의 대상이 될 수 있고, 실제로도 많이 조정을 진행합니다. 다만 조정 내용은 당사자가 자유로이 처분할 수 있는 권리에 관한 것이어야 합니다. 강제집행을 허용하지 않는다든가 기존의 강제집행을 취소 또는 인가하는 등의 권한은 법원에게 있지 당사자에게 없습니다. 따라서 집행 관계 사건의 경우 소송에서의 판결주문과 같은 내용의 조정은 불가능합니다. 그러면 이런 사건은 어떻게 조정하나요?

청구이의 사건의 경우, 원고가 피고에게 아직 돈을 다 갚지 않았다면, 나머지 채무를 참작하여 원고가 피고에게 일정한 돈을 지급하고, 판결이나 공정증서 등에 따른 채권·채무를 정리하는 내용으로 조정할 수 있습니다. 원고가 약속한 돈만 지급하면, 피고는 더 이상 집행권원 가지고 강제집행을 하지 않기로 하는 것이죠. 이 경우는 다음과 같이 조정합니다.

🐑 조정조항 – 청구의의 사건에서 (일부) 돈을 주는 방법

1. 원고는 피고에게 20○○. ○○. ○○.까지 □원을 지급한다. ~ (지연손해금)~.39)
2. 제1항에서 정한 것 외에 ○○지방법원 20○○가단○○○○호 ~사건의 판결에 기한 원고의 피고에 대한 채무가 존재하지 아니함을 확인하고, 피고는 위 초과 부분에 대하여 위 판결정본에 기한 강제집행을 하지 아니한다.

또한 원고와 피고 사이에 문제되는 집행권원(판결, 공정증서 등)에 기하여 서로에게 채권·채무가 더 이상 없다는 내용으로 조정할 수도 있습니다. 이 경우 조정조서에 기재될 조정조항의 예시는 아래와 같습니다.

🐑 조정조항 – 청구이의

1. 원고와 피고는 ○○지방법원 20○○가단○○○○호 ~사건의 판결에 기한 원고의 피고에 대한 채무가 존재하지 아니함을 확인한다.
2. 피고는 원고에 대한 ◎◎지방법원20◎◎타경◎◎◎호 부동산강제경매 신청사건을 취하하고, 그 집행을 해제한다.

(또는)

1. 피고는 원고로부터 ○○지방법원 20○○가단○○○○호 ~사건의 판결에 기한 돈을 모두 변제받았음을 확인하고, 향후 위 판결에 기한 강제집행을 하지 아니한다.

제3자이의 사건의 경우, 원고가 채무자의 배우자이거나 가족인 경우가 많습니다. 만약 압류된 동산이 가구나 가전제품들인 경우, 원고는 이 물건들을 사용하지 못해 생활하는 데 큰 불편함을 겪을 것입니다. 이러한 사정들을 고려하여 원고가 피고에게 일정한 돈을 지급하는 내용으로 조정을 할 수 있습니다. 또 채무자가 조정에 참가하여 분쟁을 해결할 수도 있습니다.

---

39) 돈을 지급하는 조항이기 때문에 당연히 앞에 설시한 다양한 방식(분할하거나 탕감하는 방식 등)으로 조정할 수 있습니다.

조정조항 – 제3자이의 사건에서 (일부) 돈을 주는 방법

1. 피고는 원고에 대하여, 별지 목록 기재 물건의 소유권이 원고에게 있음을 확인한다.
2. 원고는 피고에게 화해금 □원을 지급한다. ~ (지연손해금)~
3. 피고는 원고에 대한 ◎◎지방법원20◎◎본◎◎◎호 유체동산압류신청을 취하한다.

 조정조항 – 실제 채무자가 조정에 참가하는 방법

2. 조정참가인 ○○○은 피고에게 □원을 지급한다. ~ (지연손해금)~

또한, 피고가 압류한 유체동산이 원고의 소유임을 인정하는 내용으로 조정이 이루어지기도 합니다.

 조정조항 – 제3자이의

1. 피고는 별지 목록 기재 물건들에 관하여 원고에게 소유권이 있음을 확인한다.
2. 피고는 원고에 대한 ◎◎지방법원20◎◎본◎◎◎호 유체동산압류신청을 취하한다.

배당이의 사건

배당이의 사건도 조정이 가능할까요? 배당이의 사건의 소장에 기재하는 청구취지는 대체로 아래와 같습니다.

배당이의 사건의 청구취지

1. ○○법원 20○○타경○○○○ 부동산임의경매 사건에 관하여, 같은 법원이 2022. ○○. ○○. 작성한 배당표 중 피고에 대한 배당액 □원을 ■원으로, 원고에 대한 배당액 0원을 100,000,000원으로, 원고에 대한 배당액 △원을 ▲원으로 각 경정한다.

위와 같은 청구취지 문언과 강제집행절차와 관련된 사건의 성격 때문인지, 조정당사자와 소송대리인으로부터 배당이의 사건도 조정이 가능하냐는 질문을 받는 경우가 있습니다. 배당이의 사건도 조정이 가능합니다. 원고와 피고는 배당액을 적절하게 나누는 방식으로 조정할 수 있지요. 실무적으로는 청구취지대로 '경정한다.', '변경한다.'라는 형성적 문구를 그대로 사용하기도 합니다. 그러나 조정은 당사자가 자발적으로 분쟁을 해결하는 해결방식이므로 '합의한다.' 또는 '동의한다.'라는 문구를 사용하는 것이 적절합니다.

 조정조항 - 배당이의 사건

1. 원고와 피고는 ○○법원 20○○타경○○○호 부동산임의경매사건에 관하여 같은 법원이 20○○. ○○. ○○. 작성한 배당표 중 원고에 대한 배당액 □원과 피고에 대한 배당액 △원에 대하여 원고가 ■원을, 피고가 나머지 ▲원을 배당받기로 합의한다.

(또는)

1. 원고와 피고는 ○○법원 20○○타경○○○호 부동산임의경매사건에 관하여 같은 법원이 20○○. ○○. ○○. 작성한 배당표 중 원고에 대한 배당액을 □원에서 ■원으로, 피고에 대한 배당액 △원을 ▲원으로 각 경정(하는데 동의)한다.

면책확인 사건

면책확인 청구는 파산선고를 받은 채무자인 원고가 채권자인 피고를 상대로 금전지급채무에 대하여 면책을 구하는 사건입니다. 채권자인 원고가 피고를 상대로 돈을 달라고 청구하는 사건에서, 피고가 파산하여 면책받았다고 주장하는 경우도 있습니다. 아래와 같이 면책을 확인하는 내용으로 조정할 수 있습니다.

 조정조항 – 면책확인 사건

1. 원고와 피고는, 원고의 피고에 대한 ~원의 채무가 ○○지방법원 20○○ 하면○○○○ 사건의 20○○. ○○. ○○.자 결정에 의하여 면책되었음을 확인한다.

다만, 채권의 성질에 따라서는 채무자가 파산선고를 받았음을 이유로 면책을 주장할 수 없는 경우도 있으니 이 점을 유의하여야 합니다.[40]

---

40) 면책을 받은 채무자는 원칙적으로 파산절차에 의한 배당을 제외하고는 파산채권자에 대한 채무에 관하여 그 책임이 면제됩니다. 다만, 채권자의 청구권 중 채무자의 책임이 면제되지 않는 경우도 있습니다. 책임이 면제되지 않는 것으로는 ① 조세, ② 벌금·과료·형사소송비용·추징금 및 과태료, ③ 채무자가 고의로 가한 불법행위로 인한 손해배상, ④ 채무자가 중대한 과실로 타인의 생명 또는 신체를 침해한 불법행위로 인하여 발생한 손해배상, ⑤ 채무자의 근로자의 임금·퇴직금 및 재해보상금, ⑥ 채무자의 근로자의 임치금 및 신원보증금, ⑦ 채무자가 악의로 채권자목록에 기재하지 아니한 청구권(다만, 채권자가 파산선고가 있음을 안 때에는 그러하지 아니합니다), ⑧ 채무자가 양육자 또는 부양의무자로서 부담하여야 하는 비용입니다(채무자 회생 및 파산에 관한 법률 제566조).

글을 마치며

이제 민사조정이 무엇이지, 민사조정절차는 어떻게 시작되고, 진행되며, 끝나는지 모두 살펴보았습니다. 또한, 조정조항이 어떤 내용으로 정해지는지도 잘 알게 되셨을 것입니다. 민사조정이 낯설었던 분들, 반대로 민사조정은 별 것 아니라고 생각하셨던 분들 모두 생각이 조금 바뀌셨나요? 모쪼록 민사조정을 염두에 두고 계신 분들게 도움이 되었기를 바랍니다. 이제 '내 사건은 내가 조정으로 해결해야겠다!'라는 의지가 생기셨나요? 미리 '나의 분쟁은 어떻게 해결하는 게 좋을까?' 심사숙고하고, 상대방의 대응에 따라 제안할 수 있는 여러 개의 조정안을 준비해 보세요. 자신이 원하는 조정안을 적극적으로 피력하고, 상대방을 설득해 보세요.

그 어떤 분쟁도 다른 분쟁과 완전히 동일한 경우는 없습니다. 사실관계도 다르고 각자가 처한 상황도 다릅니다. 서로에 대한 감정의 골 깊이가 다른 것은 물론입니다. 하지만 싸우는 것을 좋아할 사람은 없습니다. 모두 마음속으로는 '두 다리 뻗고 자고 싶다.'라고 생각합니다. 그러나 지는 것을 좋아할 사람은 더 없답니다. 싸우기 싫지만, 지기는 더 싫은 우리, 서로에게 가장 좋은 내용으로 조정을 해 보세요. 하루라도 빨리 분쟁으로부터 자유로워지시기를 바라며 긴 글을 마칩니다.

조 정 신 청 서

사 건 명

신 청 인   (이름)   (주민등록번호   –   )
          (주소)   (연락처)

피신청인   ((이름)   (주민등록번호   –   )
          (주소)   (연락처)

신 청 취 지

1.
2.
라는 조정을 구합니다.

신 청 원 인

1.
2.
3.

입 증 방 법

1.
2.
3.
4.

첨 부 서 류

1. 위 입증방법   각 1통

1. 신청서부본   1통

1. 송달료납부서   1통

20 .   .   .

위 신청인   (서명 또는 날인)

○○ 지방법원   귀중

조정회부 안내문

대전법원 조정센터

> □ 귀하의 사건은 재판부의 결정에 따라 조정에 회부되었습니다.
> □ 조정절차와 관련하여 아래 내용을 반드시 읽어 보시기 바랍니다.

▶ 대전법원 조정센터는 대전지방(고등)법원에 설치된 기관으로서 법원이 조정에 회부한 사건에 대하여 상임조정위원이 쌍방 당사자와 대화하며 분쟁 해결책을 찾는 곳이므로 조정기일에는 가급적 당사자 본인이 출석하셔야 분쟁해결에 도움이 됩니다.

▶ 조정기간은 상임조정위원에게 조정사건이 배당된 때로부터 2개월이며, 연장도 가능합니다.

▶ 조정절차에서는 소송절차가 중지되므로(민사조정규칙 제4조 제2항), 귀하는 조정기간 동안 상임 조정위원의 주재하에 상대방 당사자와 대화하며 분쟁해결책을 찾도록 노력하여야 합니다.

▶ 귀하는 조정기일전까지 '조정진술서'를 제출할 수 있습니다.

> 조정진술서
> -분량 : 최대 A4용지 2장이내(글자 12포인트)
> -내용 : 사건개요, 분쟁원인, 당사자 사이의 협상과정, 귀하가 생각하는 분쟁해결안 등

▶ 조정기간 중 당사자 사이에 합의가 이루어지면?
  조정조서가 작성되고, 이 경우 재판상 화해와 동일한 효력(=확정판결과 동일한 효력)이 발생합니다.

▶ 조정기간 중 합의가 이루어지지 않으면?
☞ 즉시 소송으로 복귀하여 변론(준비)절차가 진행됩니다.
  다만, 상임조정위원은 당사자의 이익 기타 모든 사정을 참작하여 사건의 공평한 해결을 위한 조정에 갈음하는 결정을 할 수 있습니다.
☞ 조정에 갈음하는 결정에 이의하지 않는 경우
  재판상 화해와 동일한 효력(=확정판결과 동일한 효력)이 발생합니다.
☞ 조정에 갈음하는 결정에 이의할 경우
  소송으로 복귀하여 변론(준비)절차가 진행됩니다.

[별지 3] 외부참석자 영상재판 접속방법

관련 법령에 따라 재판장 허가 없이 영상재판을 녹화, 촬영하는 경우 감치, 과태료에
처해질 수 있고, 무단으로 영상을 유포하는 경우 형사처벌 대상이 될 수 있습니다.

외부참석자 영상재판 접속방법 안내

1. 접속링크 클릭

● 본 재판부 **영상법정 접속링크 클릭**

- 접속링크 클릭이 작동하지 않는 경우 접속링크 전체를 복사한 후 인터넷 브라우저
  주소창에 붙여넣기 하여 이동

- 접속링크를 복사하기 위해서는 아래와 같이 접속링크를 블록 설정한 영역이 아닌 다
  른 영역에서 마우스 오른쪽 버튼을 클릭해야 함

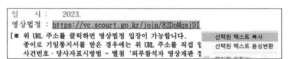

2. 영상재판 안내 홈페이지 내용 확인 및 프로그램 실행

● 접속링크와 연결된 영상재판 안내 홈페이지에서 접속방법 및 유의사항을 확인하고,
  체크박스(□)에 클릭하여 확인표시(☑)한 후 '프로그램 실행' 버튼을 클릭

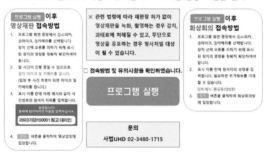

영상재판 문의 ⇒ 사법UHD 02-3480-1715

관련 법령에 따라 재판장 허가 없이 영상재판을 녹화, 촬영하는 경우 감치, 과태료에
처해질 수 있고, 무단으로 영상을 유포하는 경우 형사처벌 대상이 될 수 있습니다.

3. 영상재판 프로그램(VidyoConnect) 설치

● 안내 홈페이지와 연결된 웹페이지의 안내에 따라 📷VidyoConnect 프로그램 설치

- **PC 사용을 권장**하나, 테블릿 · 스마트폰용 어플도 있음 (이하 PC 기준 설명)

- 이미 설치되어 있다면 '4. 음성, 영상 설정 확인 및 참석자 명칭 입력'으로 이동

통화 참석 시도 중...

● 다운로드 클릭하여 프로그램 설치 후 동의 및 계속 클릭

영상재판 문의 ⇒ 사법UHD 02-3480-1715

관련 법령에 따라 재판장 허가 없이 영상재판을 녹화, 촬영하는 경우 감치, 과태료에 처해질 수 있고, 무단으로 영상을 유포하는 경우 형사처벌 대상이 될 수 있습니다.

4. 음성, 영상 설정 확인 및 참석자 명칭 입력

● 설치를 완료하면 아래와 같은 화면이 나타남

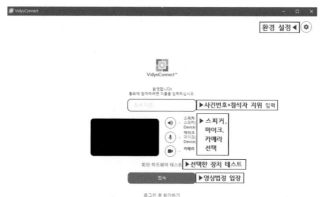

● **화면 중앙에서 이용하고자 하는 스피커, 마이크, 카메라 선택**

- 아이콘 근처에 있는 작은 화살표(^)를 클릭하여 이용 장치를 전환할 수 있음

> 화면 중앙에서 장치를 선택하는 대신 오른쪽 상단 환경설정 버튼(⚙)을 클릭 후 왼쪽 메뉴 중 **오디오/비디오**를 선택하여 사용하려는 스피커, 마이크, 카메라를 선택할 수도 있음

● 회의 하드웨어 테스트 버튼을 눌러 선택한 장치들이 제대로 <u>작동하는지 테스트</u>

- 스피커는 **테스트 음향이 들리는지** 확인

- 마이크는 자신이 **말하는 소리가 녹음된 후 재생**되는지 확인

- 카메라는 **화면에 본인의 영상이 나오는지** 확인

● 장치 선택 및 작동 테스트를 마쳤으면 마이크 아이콘 및 카메라 아이콘을 클릭하여 **일단 마이크 및 카메라 작동을 중지함**

- 마이크 및 카메라를 작동시킨 상태로 영상법정에 입장하면 이미 영상법정에서 진행 중인 다른 사건에 방해가 될 수 있음

영상재판 문의 ⇒ **사법UHD** 02-3480-1715

관련 법령에 따라 재판장 허가 없이 영상재판을 녹화, 촬영하는 경우 감치, 과태료에 처해질 수 있고, 무단으로 영상을 유포하는 경우 형사처벌 대상이 될 수 있습니다.

- 따라서 마이크 및 카메라를 중지한 상태로 영상법정에 입장할 필요가 있음(이후 순서에 따라 사건 호명이 되면 마이크 및 카메라 작동 재개)

- 마이크 중지 상태는 🎙 아이콘, 카메라 중지 상태는 📷 아이콘으로 표시됨

● [표시 이름] 에 아래 예시와 같이 ① 사건번호와 ② 참석자 지위 입력

> 예시 1 : 2023나100001 원고 대리인
> 예시 2(다수당사자) : 2023나100002 피고 홍길동 대리인
> 예시 3(증인) : 2023나100003 증인 임꺽정

5. 영상법정 입장

● [접속] 버튼 클릭하여 영상법정 입장

- 혹시 재판부가 비밀번호를 설정하여 오른쪽과 같은 화면이 등장하는 경우, 기일통지서에 기재되어 있거나 별도로 전달받은 비밀번호를 입력 후 [접속] 버튼 클릭

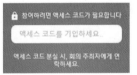

6. 영상재판 프로그램 메뉴 소개

① 참여자 리스트
② 현재 참석자 수
③ 현재 참여한 방 이름
④ 사용자 설정 메뉴
⑤ 영상 회의 종료
⑥ 스피커 ON/OFF(■ 버튼으로 장치변경 가능)
⑦ 마이크 ON/OFF(■ 버튼으로 장치변경 가능)
⑧ 셀프뷰(클릭 시 자기화면 크게 고정)
⑨ 카메라 ON/OFF(■ 버튼으로 장치변경 가능)
⑩ 클릭 시 화면 분할 레이아웃 변경
⑪ 모니터, 문서,동영상 공유, 화이트 보드 기능
⑫ 채팅 기능

영상재판 문의 ⇒ 사법UHD 02-3480-1715

관련 법령에 따라 재판장 허가 없이 영상재판을 녹화, 촬영하는 경우 감치, 과태료에
처해질 수 있고, 무단으로 영상을 유포하는 경우 형사처벌 대상이 될 수 있습니다.

7. 중요 : 사전 테스트 실시 필요성

● 기일 전에 미리 영상재판 프로그램 접속 방법을 테스트하지 않는 경우 실제 기일이
도래하였을 때 장비 불량, 설정 오류 등으로 영상법정 접속에 어려움을 겪을 수 있음

● **무단 미접속 시 기일 불출석**의 불이익을 입을 수 있으므로 **반드시 사전 테스트를 실
시할 필요**가 있음

● 사전 테스트 실시 방법에 관하여는 6면 참조

8. 에코, 하울링 저감 조치의 중요성

● 영상법정에 접속하더라도 에코, 하울링이 생기면 의사소통을 제대로 할 수 없음

- 통신불량, 소음은 영상재판 취소 사유에 해당

● 영상재판의 원활한 진행을 위해서는 7면의 설명을 참조하여 에코, 하울링을 억제할
수 있는 조치를 취하는 것이 매우 중요함

영상재판 문의 ⇒ 사법UHD 02-3480-1715

영상재판 사전 테스트 안내

▎테스트 법정 접속링크

● 1면 기재 재판부 영상법정에서는 실제로 재판이 진행되고 있을 수 있으므로, 재판에 방해가 될 우려 없이 자유롭게 프로그램을 테스트하고 싶은 경우에는 아래 외부참석자 테스트용 접속링크를 클릭하면 됨

  - 전국 공통 테스트 법정인 관계로 다른 외부참석자가 테스트 중일 수 있음

※ 아래 접속링크들은 **단순 테스트용**으로 **실제 기일에는 기일통지서 또는 본 안내문 1면 기재 재판부 영상법정 접속링크에 접속**해야 함

테스트 법정1 : https://vc.scourt.go.kr/join/82DoMqsj9l
테스트 법정2 : https://vc.scourt.go.kr/join/VwMSeGuCwT
테스트 법정3 : https://vc.scourt.go.kr/join/WmedeCg0eS
테스트 법정4 : https://vc.scourt.go.kr/join/UDmYXozKUD
테스트 법정5 : https://vc.scourt.go.kr/join/qBYf9MAlaY

▎2인 이상 테스트 방법

● 빈 테스트 법정에 2명 이상이 함께 접속하여 음성, 영상의 상호 송수신을 테스트할 수 있음

● 서로 상대방의 음성, 영상이 잘 전달되는지 상대방에게 알려주는 방식으로 테스트

▎나홀로 테스트 방법 – PC와 스마트폰 동시 접속

● 혼자 접속한 상태로는 자신의 음성, 영상이 타인에게 잘 전달되는지 확인하기 어려움

● 이러한 경우에는 **영상재판에 사용하려는 PC와 함께 자신의 스마트폰으로 테스트 법정에 접속**하여 ① PC의 음성, 영상이 스마트폰에 잘 전달되는지 및 ② PC가 스마트폰의 음성, 영상을 잘 수신하는지 확인하는 방법으로 테스트 가능

  - 스마트폰에서 테스트 법정 접속링크 클릭하여 어플 설치 가능

● **실제 재판에는 PC 사용** 권장 (영상 및 전자기록뷰어 공유를 위해 넓은 화면 필요)

영상재판 문의 ⇒ 사법UHD 02-3480-1715

영상재판 에코, 하울링 저감 방안 안내

█ 에코, 하울링이란?

● 에코 : 스피커에서 나온 소리가 다시 마이크로 입력되어 메아리치는 현상

● 하울링 : 스피커에서 나온 소리 중 일정 주파수가 다시 마이크로 입력되는 과정이 반복되면서 특정한 소음(예를 들어 "삐~~~")을 발생시키는 현상

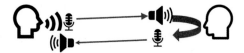

> ⇒ 쾌적한 환경에서 대화에 집중할 수 있도록 스피커에서 나오는 소리가 다시 마이크로 유입되지 않도록 함이 중요

█ 에코, 하울링 저감 방안

1) 헤드셋 또는 헤드폰·이어폰 착용

● 헤드셋 또는 헤드폰·이어폰(마이크는 별도)을 착용하는 경우 발언자의 소리가 다른 참석자의 귀로 바로 들어가기 때문에 마이크로 소리가 유입되는 것을 막을 수 있음

2) 화상회의용 에코 제거 장비 이용

● 일체형 스피커마이크 등 화상회의용으로 생산된 장비는 디지털신호처리(DSP, Digital Signal Processing) 기술을 이용해 에코를 제거하는 기능이 포함되어 있음

- 이 경우 환경설정에서 <u>마이크와 스피커를 동일한 장비(화상회의용 장비)로 설정</u>해야 에코 제거 기능이 제대로 작동함

3) 스피커 볼륨 감소 및 배치 조정

● 스피커와 마이크를 별도로 이용하는 경우 <u>볼륨을 낮추고 스피커 전면의 방향을 마이크와 반대되는 쪽으로 배치</u>함으로써 마이크로 직접 유입되는 소리 감소

4) 발언자 외 마이크 음소거

● 발언자 외 참석자들의 마이크를 모두 음소거함으로써 발언자 외 참석자의 스피커에서 나오는 소리가 해당 참석자의 마이크로 유입되지 않도록 함

> 영상재판 문의 ⇒ 사법UHD 02-3480-1715

관련 법령에 따라 재판장 허가 없이 영상재판을 녹화, 촬영하는 경우 감치, 과태료에
처해질 수 있고, 무단으로 영상을 유포하는 경우 형사처벌 대상이 될 수 있습니다.

영상재판 활용 시 준수사항 안내

- ▣ 재판장 허가 없이 영상재판을 녹화, 촬영하는 것은 금지됩니다. 위반 시 감치, 과태료에 처해질 수 있고, 무단으로 영상을 유포하는 경우 형사처벌 대상이 될 수 있습니다.

- ▣ 여러 건의 영상재판이 진행되는 경우, 앞 사건이 지연되어 본인 사건이 예정된 시간에 시작되지 않을 수 있습니다. 재판부의 별도 안내에 따라 본인 사건이 진행될 때까지 잠시 대기해주시기 바랍니다.

- ▣ 폭언, 소란 등의 행위로 심리를 방해하거나 재판의 위신을 훼손하는 행위를 하여서는 안 됩니다. 위반 시 감치, 과태료에 처해질 수 있습니다.

- ▣ 다른 사람이 발언하는 중간에 끼어드는 행위를 자제해 주시고, 재판장이 발언 기회를 부여할 때까지 대기해주시기 바랍니다.

- ▣ 영상재판을 진행하기에 적합한 환경을 조성하기 위하여 아래 사항에 협조해 주시기 바랍니다. 만일 의사소통에 어려움이 있거나 제3자가 부당하게 관여할 우려가 있을 시, 재판부는 해당 영상기일을 연기하고 대면기일을 지정할 수 있습니다.

  - ● 운전 중이나 대중교통 이용 중에 영상법정에 접속하거나, 시끄러운 장소에서 접속하는 것은 삼가 주시기 바랍니다.

  - ● 에코, 하울링 현상 감소를 위하여 발언하지 않을 때는 마이크의 음을 소거해 주시는 등의 조치를 취하시기 바랍니다.

  - ● 카메라는 가급적 눈높이 또는 눈높이보다 약간 높은 곳에 배치하기 바랍니다.

  - ● 휴대전화 등 모바일 기기를 이용하는 경우 받침대 등 단단한 표면에 기기를 고정하여 주시고, 모바일 기기를 손에 든 상태로 재판에 참여하는 것은 가급적 자제하시기 바랍니다.

  - ● 접속화면의 배경으로 가급적 편안한 단색의 벽을 택하시기 바랍니다.

- ▣ 영상법정에서도 일반 법정에서와 마찬가지로 정중하고 예의 바른 태도로 발언하고 행동하여 주시기 바랍니다.

영상재판 문의 ⇒ 사법UHD 02-3480-1715

참고문헌

대법원 사법정책연구원, 한국형 대체적 분쟁해결(ADR) 제도의 발전 방향에
　　관한 연구(2016)
법원행정처, 법원실무제요 민사소송 Ⅰ(개정판) (2014)
법원행정처, 조정실무(2002)
사법연수원, 요건사실론(2018)
사법정책연구원, 조정절차에서의 사실조사(2020)
서울중앙지방법원 조정협의회, 조정마당 열린대화 제7호(2013)
＿＿＿＿＿＿＿＿＿＿＿＿＿＿, 조정마당 열린대화 제8호(2015)
＿＿＿＿＿＿＿＿＿＿＿＿＿＿, 조정마당 열린대화 제9호(2017)
이시윤, 신민사소송법(제14판), 박영사(2024)
한국조정학회, 분쟁해결 제2호(2016)

고승환, "조기조정제도의 의의와 서울중앙지방법원의 현황", 서울중앙지방법
　　원 조정위원협회, 조정마당 열린대화 제9호(2017)
권혁재, "판결절차와 병행하는 민사조정절차의 효율적 운영방안", 인권과 정
　　의 통권 제483호(2019. 8)
민규남, "민사조정위원이 알아야 하는 사항들", 서울중앙지방법원 조정위원
　　협의회, 조정마당 열린대화 제8호(2015)
이성호, "조정의 활성화를 통하여 판결이 아닌 조정화해로 종결할 수 있는
　　사법시스템을 만들어야", 조정마당 열린대화 제7호(2013)
윤찬영, "조정제도의 합리적 운영을 위한 조정구조 개선방안에 관한 연구",
　　사법정책연구원 연구총서 2022－09

황승태, "조정 활성화를 위한 법원의 역할 및 민사조정법의 개정방향", 국민을 위한 자율적 분쟁해결 : 조정제도의 개선 및 발전방향, 2017 대법원 ─ 한국조정학회 공동학술대회(2017)

저자 약력

안지현
고려대학교 법과대학 법학과
사법시험 42회, 사법연수원 32기
법무법인 소명, 법무법인 인앤인 변호사
외교통상부 통상교섭본부 사무관
대전고등법원 상임조정위원
(현) 대전고등법원 상임조정위원장

김혜영
한양대학교 법과대학 법학과
사법시험 55회, 사법연수원 47기
제58회 2차 사법시험 검토위원
대전지방법원 조정전담변호사
(현) 대전고등법원 상임조정위원

제2판
민사조정 — 싸우기 싫지만 지기는 더 싫어

초판발행	2021년 4월 30일
2판 발행	2024년 10월 30일
지은이	안지현·김혜영
펴낸이	안종만·안상준
편 집	장유나
기획/마케팅	정연환
표지디자인	이영경
제 작	고철민·김원표
펴낸곳	(주) **박영사**
	서울특별시 금천구 가산디지털2로 53, 210호(가산동, 한라시그마밸리)
	등록 1959. 3. 11. 제300-1959-1호(倫)
전 화	02)733-6771
f a x	02)736-4818
e-mail	pys@pybook.co.kr
homepage	www.pybook.co.kr
ISBN	979-11-303-4830-8 93360

정 가   16,800원